Pendeln

Nicola Schreiber

PENDELN

Erfahren Sie Ihre magnetischen Kräfte

FALKEN
TaschenBuch

Im FALKEN TaschenBuch sind zahlreiche esoterische Titel erschienen.
Sie sind überall erhältlich, wo es Bücher gibt.

Der Text dieses Buches entspricht den Regeln der neuen deutschen Rechtschreibung.

Dieses Buch wurde auf chlorfrei gebleichtem und säurefreiem Papier gedruckt.

Originalausgabe
ISBN 3 635 60332 5

Umschlaggestaltung: Rincón[2] Design & Produktion, Köln
Gestaltung und Herstellung: Beate Müller-Behrens
Redaktion: Anja Schmidt, München/Susanne Janschitz
Titelbild: Rincón[2] Design & Produktion, Köln
Zeichnungen: Daniela Schneider, Frankfurt/M.
Satz: dm druckmedien, München
Druck: Neuwieder Verlagsgesellschaft mbH, Neuwied

817 2635 4453 6271

Inhalt

Einleitung 7

Pendeln – eine Wissenschaft für sich? 9
Das naturwissenschaftliche Pendel 9
Der siderische Pendel 11

Pendeln – einem Phänomen auf der Spur 14
Schwingungen sind Leben 14
Was ist Radiästhesie? 15
Energetische Grundlagen des Pendelns 16
Die vier Spannungskräfte 18
Gibt es eine typische „Pendel-Persönlichkeit"? 19

Wege zum richtigen Pendeln 22
Welcher Pendelkörper, welcher Faden ist geeignet? 22
Wird Pendeln durch Materialien beeinflusst? 26
Die Pendelhaltung 27
Auf die geistige Einstellung kommt es an 29

Von der Theorie zur Praxis 33
Pendelbewegungen verständlich gemacht 33
Lassen Sie Ihren Pendel entscheiden 34
Die richtige Art, Fragen zu stellen 35
Der Anfang ist gar nicht so schwer 36

Pendeldiagramme und Pendelobjekte 41
Arbeiten mit Pendeldiagrammen 41
Wie erstelle ich mein persönliches Pendeldiagramm? 43
Fehlerquellen auf der Spur 47
Pendeln über verschiedenen Objekten 48

Anwendungsbereiche 52
Der Pendel als Orakel 52
Psychologisches Pendeln 54
Pendeln und Gesundheit 58
Pendeln und Ernährung 62
Pendeln und Partnerschaft 71
Pendeln und Karierre 77
Störzonen, die krank machen 86

Kombination der Methoden 90
Mit dem Pendel das richtige Heilmittel bestimmen 90
Aromatherapie und Pendeln 91
Lebenssalztherapie und Pendeln 95
Bachblüten und Pendeln 100
Heilsteine und Pendeln 105
Heilende Metalle, Magneten und Pendeln 109

Verzeichnis der Pendeldiagramme 111

Literaturverzeichnis 112

Einleitung

Die Geschichte des Pendelns reicht weit zurück und entsprechend vielfältig sind seine Einsatzmöglichkeiten und Methoden. Immer wieder hat man sich darum bemüht, das Wesen des Pendels erklärbar zu machen. Dies ist bislang aber nur teilweise gelungen, weshalb ihm in den Augen der breiten Öffentlichkeit nach wie vor ein Anstrich des Mysteriösen anhaftet.

Auf den ersten Blick erscheint es in der Tat kaum nachvollziehbar, dass man mit Hilfe eines Rings, einer Taschenuhr oder eines gewöhnlichen Senkbleis an einem Faden bzw. Kettchen „etwas“ finden könnte – sei dieses Etwas ein lang vermisster Gegenstand, eine Wasserader, die Ursache einer Krankheit, ein Fehler im System oder klare Antworten in unklaren Lebenssituationen.

Natürlich ist Pendeln kaum mit der Auffassung zu vereinbaren, dass der Mensch seine Umgebung nur durch seine Sinne wahrnimmt und die Außenwelt ausschließlich durch seine Verstandes- und Muskelkraft beeinflusst. Andererseits haben gerade heute viele Menschen das Bedürfnis, sich von unserer den Alltag beherrschenden rationalen Denkweise zu lösen und sich mehr von den mannigfaltigen Kräften der Natur leiten zu lassen. Und wirklich ist die Vorstellung, es könne noch ganz andere Möglichkeiten geben, eine Beziehung zur Außenwelt herzustellen oder auf Fragen Antworten zu finden, die nicht unbedingt dem logischen Denken entsprungen sind, ebenso interessant wie faszinierend. Hier erweist sich Pendeln als geeignetes Mittel, (Grenz-)Erfahrungen zu machen, zumal ein Pendel sowohl spielerisch als auch programmatisch in allen Lebensbereichen eingesetzt werden kann.

Egal, welche Haltung man ihm entgegenbringt: Pendeln macht neugierig. Pendeln regt die Fantasie an und kann in völlig neue „Dimensionen“ führen. Doch ob als spannende Freizeitbeschäftigung oder als Hilfsmittel, um sich den Kräften seines Unterbewusstseins zu öffnen – nicht das Motiv, sondern die *Fähigkeit,* ein Pendel praktisch anzuwenden, ist von Bedeutung.

Sich für das Pendeln zu interessieren ist eines – und natürlich Grundvoraussetzung. Ein anderes ist es, sich mit der Anwendung eines Pendels allmählich vertraut zu machen, herauszufinden, wozu man es gebrauchen kann und schließlich festzustellen, dass Pendeln auf jeden Fall eine hilfreiche Methode ist, die Intuition zu stärken.

Inzwischen sind auch die Wissenschaftler dem Phänomen Pendel – und ebenso dem der Wünschelrute – auf der Spur. Obwohl sie trotz zahlreicher aufschlussreicher Untersuchungen letztlich immer noch nicht genau ergründen können, welche konkreten Gesetzmäßigkeiten dem Pendeln zugrunde liegen, so ist jedoch zweifelsfrei bewiesen: es funktioniert! Man muss nur wissen, *wie*. Und genau das ist Ziel dieses Buches: Davon ausgehend, dass sich durch regelmäßige Praxis automatisch ein tieferes Verständnis für das Pendeln einstellt, soll es dazu beitragen, die entscheidenden Fertigkeiten zu erwerben, die für das Pendeln notwendig sind. Durch Praxis zur Erkenntnis – auf diese Weise wird früher oder später jeder für sich selbst entdecken, dass der Vielseitigkeit eines Pendels (fast) keine Grenzen gesetzt sind.

Es liegt auf der Hand, dass man den eigentlichen Wert eines Pendels nur erfahren kann, wenn man es selbst ausprobiert. Dann wird man allerdings schnell herausfinden, wie gleichermaßen spannend und bereichernd es sein kann, mit seiner Hilfe immer wieder auf Entdeckungsreise in unbekannte Gefilde zu gehen. Und was spricht dagegen, gleich damit anzufangen?

Pendeln – eine Wissenschaft für sich?

Das naturwissenschaftliche Pendel

Der italienische Schriftsteller und Philosoph Umberto Eco, weltbekannt geworden durch seinen Roman „Der Name der Rose“, lenkte mit einem anderen Werk die Aufmerksamkeit des Lesepublikums auf einen Naturwissenschaftler, von dem der Nichtfachmann bis dahin wohl kaum etwas gehört hatte, nämlich auf den französischen Physiker Jean Bernard Léon Foucault (1819-1868). Der Titel des Romans verrät, mit welchem Gegenstand sich Foucault befasste: „Das Foucaultsche Pendel“. Das hartnäckige Experimentieren des Franzosen war von Erfolg gekrönt, denn im Jahr 1851 gelang es ihm, mit Hilfe von Pendelversuchen die Erddrehung nachzuweisen. Foucault war nicht der einzige Forscher, der sich mit dem Pendel beschäftigte: Ein weitaus berühmterer Mann der Wissenschaft, der dies tat, war der geniale, 1564 geborene Galileo Galilei. Wie man weiß, wurde er damals gezwungen, der Kopernikanischen Lehre, dass die Erde um die Sonne kreise und nicht umgekehrt, vor der Inquisition öffentlich abzuschwören – angeblich mit den oft zitierten Worten: *Und sie* (die Erde) *bewegt sich doch.* Als Professor für Mathematik, Physik und Medizin konstruierte Galilei im Jahr 1609 nicht nur sein erstes Fernrohr, sondern es gelang ihm auch die bahnbrechende Entdeckung der Fall- und Pendelgesetze. Dies hatte Galilei in erster Linie seiner Genialität, Ausdauer und Neugierde zu verdanken – aber ein wenig auch einem Deckenleuchter, der ihm sozusagen ein Licht aufgehen ließ. Eines Tages nämlich wohnte Galilei im Dom zu Padua einer Messe bei. Von der Predigt offenbar nicht allzu sehr beeindruckt, betrachtete er die herrliche Architektur des Doms und bemerkte dabei den gemächlich und anscheinend regelmäßig hin- und herschwingenden Leuchter. Nun begann sich Galilei darüber den Kopf zu zerbrechen, welche Gesetzmäßigkeiten sich hinter dieser Bewegung verbergen möchten. Zunächst definierte er, was er unter einem Pendel oder, wie er es nannte, einem *Vertikal-* oder *Lotpendel* verstand – nämlich ein schweres Ob-

jekt aus beliebigem Material, das an einem Faden aufgehängt war. Galilei beschrieb die Eigenschaften eines Pendels: Ohne Einwirkung von außen lässt sich ein Bestreben des Pendels nach einer Ruhelage, also nach Schwere und Trägheit in Richtung des Erdmittelpunkts, feststellen. Erst wenn das Pendel angestoßen wird, beginnt es, hin- und herzuschwingen. Die so genannte Pendelruhe tritt dann wieder ein, wenn die äußere Krafteinwirkung durch die Reibung mit der Luft bis zum Stillstand neutralisiert wurde.
Galileis Pendel bezeichnet die Wissenschaft als mathematisches Pendel; davon unterscheidet sie das physikalische oder physische Pendel: das ist ein beliebiger, starrer Körper, der unter dem Einfluss der Schwerkraft steht und sich um eine waagerechte Achse drehen lässt.
Für beide Pendelarten, so fand Galilei heraus, gelten dieselben Schwingungsgesetze. Von ganz besonderer Bedeutung für die Wissenschaft war Galileis Erkenntnis, dass das Material und das Gewicht des Pendels keinen Einfluss auf die Dauer der Schwingung hat, denn diese Tatsache beweist, dass die Erdanziehungskraft auf alle Stoffe gleich wirkt. Auf den Punkt gebracht, bedeutet das, alle Körper – unabhängig von Größe und Gewicht – fallen gleich schnell.
Mehrere hundert Jahre später wurde seine große Entdeckung durch Experimente im luftleeren Raum bestätigt. Über diese Erkenntnisse hinaus zeitigten Galileis Pendelversuche aber noch andere wissenschaftliche Resultate. Mit Hilfe des *Sekundenpendels* (ein Pendel das für eine Schwingbewegung zwei Sekunden braucht) konnte der Beweis erbracht werden, dass unser Planet zu den Polen hin abgeplattet ist; auch leistete das Pendel wichtige Dienste bei der geologischen Erforschung des Erduntergrundes. Und schließlich, im Zeitalter der Digitaluhr ist es fast in Vergessenheit geraten: Was wäre aus Großpapas Standuhr bloß ohne Pendel geworden? Ein (physisches) Pendel, genauer gesagt, ein *Drehpendel* ist es nämlich, das den Gang dieser Uhr durch sein gleichmäßiges Schwingen regelt, also eine Funktion erfüllt, für die bei der Taschenuhr die so genannte Unruh zuständig ist. Auch dieses geschäftige Ding ist nichts anderes als ein Pendel – das *Federpendel.*
Es steht also außer Frage, dass das Pendel nicht nur dem Bereich der Magie angehört, der so alt ist wie die Menschheit selbst, sondern auch ein Kind der Naturwissenschaft und der Technik ist – ein Kind übrigens, dem unsere Sprache gleich zwei Geschlechter verliehen hat, was nach wie vor für

eine gewisse Verwirrung sorgt. Heißt es doch einmal *das*, ein andermal *der* Pendel. Was nun richtig ist? Beides stimmt. „Das Pendel" meint das mathematische bzw. physikalische; „der Pendel" dient als Bezeichnung für das „siderische" Pendel, das in unserem Jahrhundert als wissenschaftliches Hilfsinstrument beispielsweise in die Tiefenpsychologie Eingang fand.

Der siderische Pendel

Der siderische Pendel (ein an einem dünnen Faden aufgehängter Metallring; „siderisch" oder „sideral" = auf die Sterne bezogen) verdankt seinen männlichen Artikel Johann Wolfgang von Goethe, der in puncto Pendeln ein Fachmann war. Ihm ist es auch anzurechnen, dass die Beschreibung einer Pendelsitzung erstmals Eingang in ein Meisterwerk der deutschen Literatur fand. In seinem Roman „Die Wahlverwandtschaften" macht Goethe deutlich, dass der Mensch Natur ist und Teil der kosmischen Schwingungen. Besonders klar kommt dies in folgender Passage zum Ausdruck, in der die Romanfigur Ottilie einen Pendelversuch unternimmt: *Sie hielt den Pendel noch ruhiger, unbefangener, unbewusster über die unterliegenden Metalle. Aber in dem Augenblicke ward das Schwebende wie in einem entschiedenen Wirbel fortgerissen und drehte sich, je nachdem man die Unterlage wechselte, bald nach der einen, bald nach der andern Seite, jetzt in Kreisen, jetzt in Ellipsen oder nahm seinen Schwung in graden Linien ...*

Kehren wir wieder zurück zum siderischen Pendel, denn es lohnt sich, ein wenig näher zu untersuchen, woher das Wort „siderisch" stammt. Zum einen lässt es sich vom Griechischen „sideros" (= Eisen) ableiten; dies könnte also auf das Metall des Pendels hindeuten. Zum anderen verweist es auf den lateinischen Ausdruck „sidera" (= Gestirne), der darauf hindeutet, dass unser Leben von den Himmelskörpern beeinflusst wird.

Dass der Mensch nicht nur einen materiellen Körper besitzt, sondern auch einen siderischen, nahm der Arzt und Naturwissenschaftler Paracelsus (1493-1541) als unumstößliche Tatsache an. Aber schon in wesentlich früheren Zeiten galt den Menschen ihr Leben als mit dem der Gestirne verbunden und um es zu ergründen und seinen zukünftigen Lauf vorherzubestimmen, bedienten sich beispielweise die alten Griechen des siderischen Pendels als Orakel.

Wie das siderische Pendel im alten Rom zur Vorhersage von Ereignissen verwendet wurde, dokumentierte der Historiker Ammianus Marcellinus, der im Jahr 371 von einem Fall berichtet, bei dem die beiden Wahrsager Hilarius und Patricius versuchten, den Nachfolger des Kaisers Valens mittels Pendeln herauszufinden. *Wir stellten den Dreifuß in der Mitte eines von oben bis unten mit arabischen Wohlgerüchen ausgeräucherten Hauses auf. Auf den Dreifuß setzten wir eine aus verschiedenen metallischen Stoffen kunstreich legierte runde Schale, auf deren äußersten Rand herum die vierundzwanzig Buchstaben des Abc in Schreibschrift in genau abgemessenen Abständen eingraviert waren ... er (hielt) dann einen an einem sehr dünnen Faden befestigten geweihten Zauberring darüber, bis er zum Schwingen kam. Und wenn nun dieser spielende Ring von Zeit zu Zeit (sprungweise) an gewissen Buchstaben stillstand, entstand so nach und nach ein sechsfüßiger Vers als Antwort auf die gestellte Frage.*

Ein an einem Faden befestigter Ring wurde jahrhundertelang als Mittel zum Wahrsagen verwendet. Übrigens handelt es sich auch beim „Ring der Nibelungen" um einen Pendel, der benützt wurde, um den im Rhein versenkten Goldschatz zu finden. Außer im Nibelungenlied begegnet man dem Pendel auch in zahlreichen anderen Schriften des späteren Mittelalters. Die Kirche ging zwar gegen Pendler auf das Schärfste vor, konnte ihre Aktivitäten und die Verbreitung ihres Wissens jedoch nicht gänzlich verhindern. Mit dem Ende des Mittelalters, das von der ptolemäischen Auffassung, die Erde bilde den Mittelpunkt der Welt, geprägt war, verschwand auch das nichtrationale Denken allmählich oder genauer gesagt: es „versteckte" sich vor dem rücksichtslosen Zugriff der modernen Wissenschaft. Es war das Verdienst des bereits erwähnten Mediziners und Forschers Paracelsus, noch einmal Wissen und Glauben, Bewusstsein und Unterbewusstsein zu einer Einheit verschmolzen zu haben, bevor diese vermeintlichen Gegensatzpaare gänzlich auseinanderdividiert wurden.

Der Pendel – für Paracelsus ein vertrauter Gegenstand – erlebte erst wieder Ende des 18. Jahrhunderts eine Art wissenschaftlicher Renaissance, wozu ein Kind wesentlich beitrug. Es war im Jahr 1798: Während eines Spaziergangs begegnete der Medizinprofessor Gerboin einem Kind, das mit einem hohlen Holzpendel spielte. Gerboin betrachtete den in der Hand des Kindes hin- und herpendelnden Gegenstand und bat es schließlich, den Pendel so ruhig als möglich zu halten. Obgleich sich das Kind sehr bemühte, dem Professor diesen Gefallen zu tun, fing der Pendel bald wieder zu

schwingen an. Aufgeregt lief der Professor zu seiner Wohnung zurück, um dort selbst Pendelexperimente anzustellen. Das Resultat seiner Bemühungen war, dass der Pendel auf unterschiedliche Art und Weise schwang, je nach der Beschaffenheit des Körpers, über den ihn Gerboin hielt. Der Wissenschaftler schloss daraus, dass die Ursache dafür ein „elektrisches Fluidum“ sein müsse.
Was Professor Gerboin konnte, können auch Sie: Experimentieren Sie ein wenig mit einem Pendel! Halten Sie ihn zunächst über einen Magneten, anschließend über Stirn und Augen eines Menschen und dann über Nase und Mund. Sie werden feststellen, dass sich der Pendel über dem Nordpol des Magneten nach links, über dem Südpol nach rechts in kreisende Bewegung setzt. Ebenso bewegt er sich über Nase und Mund eines Menschen nach rechts, während er über Stirn und Augen nach links kreist.
Wie es sich für gewissenhafte Forscher gehört, setzte man ab dem 19. Jahrhundert alles daran, den Gesetzmäßigkeiten des siderischen Pendels auf die Spur zu kommen, wie dies Galilei beim physikalischen Pendel gelungen war. Und die Mühe war – wenigstens zum Teil – durchaus nicht vergebens, nicht zuletzt deshalb, weil Theorien, die sich mit dem siderischen Pendel auseinandersetzten, nicht mehr von vornherein als Hirngespinste abgetan, sondern zumindest einer halbwegs objektiven Kenntnisnahme für würdig erachtet wurden.

Pendeln – einem Phänomen auf der Spur

Schwingungen sind Leben

Paracelsus' Auffassung, dass der Mensch neben seinem physischen auch einen siderischen Körper besitze und sein Leben mit dem der Gestirne untrennbar verknüpft sei, findet sich heute bei vielen Forschern, Psychologen, Ärzten, aber auch bei Künstlern, wie etwa dem weltberühmten deutschen Komponisten Karlheinz Stockhausen wieder. *Seitdem der Mensch existiert, gibt es Musik. Doch auch die Tiere, die Atome, die Sterne erzeugen Musik,* führt er aus, *alles Vibrierende erzeugt Musik ... Die Musik der Atome, der Sterne und der Tiere muss umgewandelt werden, damit der Mensch sie hören kann.* Für Stockhausen liegt der Sinn seines Schaffens darin, eine Art Kommunikationskanal zu bilden, der einen kosmischen Informationsaustausch ermöglicht; er empfängt seiner Auffassung nach Schwingungen aus Regionen, die der Naturwissenschaft (noch) nicht zugänglich sind. Über eine ebensolche Begabung verfügt auch Milan Tabor, ein bekannter tschechischer Radiästhet, der sich seine Fähigkeit folgendermaßen erklärt: *Konzentriere ich mich auf meinen Pendel, empfängt mein Körper wie eine Antenne Schwingungen, die mein Kopf anschließend analysieren kann.*
Und dieser Empfang von Schwingungen oder Energieströmen führte bei Tabor zu handfesten Resultaten, die einmal sogar der Polizei dienlich waren. Im Fall der spurlos verschwundenen Elena A. aus Prag waren die Kriminalbeamten mit ihrem Latein am Ende, sämtliche Untersuchungen verliefen im Sande, obwohl sie intensiv betrieben wurden, denn Elena war hochgradig selbstmordgefährdet. Karel, Elenas Mann, kam auf die Idee, den bekannten Pendler Milan Tabor aufzusuchen. Nachdem er ihm ein Passbild seiner Frau gezeigt hatte, nahm Tabor seinen Pendel und hielt ihn über eine Umgebungskarte von Prag. Er konzentrierte sich, drückte mit der linken Hand das Foto auf die Karte, während er gleichzeitig den Pendel in seiner rechten kreisen ließ. Der Pendel wies auf ein Haus in der näheren Umgebung Prags. Mit großer Skepsis machte sich die Polizei auf den Weg dorthin. Und siehe da: die Fahrt war keineswegs umsonst, denn in dem be-

zeichneten Haus befand sich tatsächlich Elena A. – gerade im Begriff, sich das Leben zu nehmen.
Wie Milan Tabor immer wieder betont, erhält er seine Informationen auf eine Weise, die sich mit dem Empfang von Radiowellen vergleichen lässt – also von Schwingungen. Dass Schwingungen Leben sind, lässt sich heute nicht mehr infrage stellen; alles Seiende ist fließende, schwingende Energie, wobei kein Unterschied besteht, ob es sich um greifbare, ausschließlich materielle Gegenstände handelt oder um psychische, geistige bzw. spirituelle Vorgänge. Diese Tatsache – fernöstlichen und abendländischen Philosophen seit Jahrtausenden bekannt – wird auch von Atomphysikern, Biochemikern und anderen Naturwissenschaftlern bestätigt, die sich mit atomaren und subatomaren Vorgängen befassen. Wir Menschen sind von Schwingungen umgeben und unser Wesen charakterisiert sich nicht zuletzt durch die Fähigkeit, auch feinste Schwingungen zu registrieren, wie sie von Empfindungen und Gedanken ausgehen. Diese Schwingungen oder Energieströme sind für das bloße Auge ebenso unsichtbar wie Radio- oder Fernsehwellen – jedoch genauso wirklich wie diese. Immerhin können inzwischen mit Hilfe von technischen Vorrichtungen zum Beispiel TV-Wellen sichtbar gemacht werden – und genau diese Funktion erfüllt der Pendel (unter anderem) im Falle der Gedanken- und Gefühlsenergieströme.
Alles schwingt – das ist eine unbestreitbare Tatsache. Gleich, ob wir es mit dem Bereich der Physik, Medizin, Psychologie oder einer anderen wissenschaftlichen Disziplin zu tun haben. Ein Mittel, das dazu dient, Schwingungen – positive oder negative – aufzuspüren, ist der Pendel. Wie dies geschieht, ist Gegenstand der modernen Radiästhesie. Und was sich hinter diesem geheimnisvollen Begriff verbirgt, möchte ich Ihnen im nächsten Abschnitt aufzeigen.

Was ist Radiästhesie?

Auf Geheiß des Herrn zog die ganze Gemeinde der Israeliten aus der Wüste Sin in Tagesmärschen weiter; sie schlugen in Rephidim ein Lager auf; das Volk aber hatte kein Wasser zu trinken. Da haderte das Volk mit Moses; sie sprachen: „Gebt uns Wasser zu trinken!“ Moses entgegnete ihnen: „Wozu hadert ihr mit mir? Warum versucht ihr den Herrn?“ Doch

dürstete das Volk nach Wasser; es murrte wider Moses und sprach: „Warum hast du uns denn aus Ägypten herausgeführt, um uns, unsere Kinder und unseren Viehbestand vor Durst sterben zu lassen?"
Moses schrie zum Herrn: „Was soll ich mit diesem Volk tun? Nur ein wenig noch, dann werden sie Steine auf mich werfen." Der Herr entgegnete Moses: „Geh dem Volk voraus und nimm mit dir einige von den Ältesten Israels! Nimm auch deinen Stab, mit dem du auf den Nil schlugst, in deine Hand und gehe hin! Siehe, ich werde dort vor dir auf dem Felsen am Horeb stehen! Wenn du auf den Felsen schlägst, so wird aus ihm Wasser hervorquellen und das Volk kann trinken." Also tat Moses vor den Augen der Ältesten Israels.
Sie werden sich jetzt wahrscheinlich fragen, was diese Geschichte aus dem Alten Testament mit dem Pendeln zu tun hat. Sehr viel, denn bei dem Stab von Moses handelte es sich zweifellos um eine Wünschelrute. Rutengänger und Pendler sind sozusagen Kollegen: Beide vertreten die Disziplin der Radiästhesie. Diese Bezeichnung für die seit Jahrtausenden praktizierte Kunst von Pendlern und Rutengängern – im Deutschen trägt sie den Namen Pendelkunde – wurde im Jahr 1930 von dem französischen Abbé Bouly eingeführt. Bouly leitete den Begriff Radiästhesie ab von dem lateinischen Ausdruck „radius" (= Strahl) und dem griechischen Wort „aisthanomai" (= empfinden); wörtlich übersetzt bedeutet Radiästhesie somit Strahlenempfindlichkeit.

Energetische Grundlagen des Pendelns

Nicht nur jeder Gegenstand und jedes Lebewesen ist in seiner ihm eigenen energetischen Schwingung wahrnehmbar, sondern auch sämtliche Gefühle und Gedanken. Und da Energie nicht einfach verschwinden kann, gilt das auch für unsere Gedanken- und Gefühlsenergien. Diese Tatsache ist – wie wir später noch sehen werden – für das Pendeln von großer Wichtigkeit. Doch zunächst einmal möchte ich festhalten:

1. Gedanken und Gefühle schwingen bis in grenzenlose Weiten

Dadurch lassen sich folgende Phänomene begreifen:

- Die Telepathie (Gedankenübertragung) sowie die Fernheilung, bei der heilende Schwingungen zu erkrankten Menschen bzw. Tieren auch über weite Entfernungen „transportiert" werden.

- Das „echte Hellsehen“ von Geschehnissen, bei denen Menschen intensive Gefühle (wie Liebe, Eifersucht, Trauer oder Todesangst) entwickeln. So war Milan Tabor in der Lage, die von Elena A. ausgehenden Gefühlsschwingungen zu empfangen.
- Wenn man den Pendel über weit entfernte Personen oder Ereignisse befragt, setzen seine Bewegungen genauso schnell ein wie gewöhnlich.

2. Gedanken- und Gefühlsschwingungen sind zeitlos

Das erklärt, weshalb auch Fragen, die sich auf Ereignisse oder Themen beziehen, die bereits weit zurückliegen, die Pendelbewegungen ebenso rasch wie sonst einsetzen lassen.

Für den geübten Pendler existieren somit weder zeitliche noch räumliche Schranken, er kann den Schleier des Verborgenen lüften, vorausgesetzt, er konzentriert sich vollkommen auf *eine* Frage, stellt sich ganz auf *eine* besondere Schwingung und ihre spezifische Frequenz ein. Hierbei ist es unbedingt notwendig, dass der Pendler kein Werturteil hegt.

Die Existenz unzähliger, feinster Schwingungen lässt sich also kaum leugnen. Aber auf welche Weise übertragen sich diese unserer Psyche nicht zugänglichen Schwingungen auf den Pendel? Wie ist es möglich, dass mikroelektrische Schwingungsprozesse zu ganz charakteristischen Bewegungen des Pendels führen? Antworten auf diese Fragen kommt man näher, indem man sich vor Augen hält, dass Seele und Leib eine Einheit bilden. Die Wechselwirkungen zwischen Psyche und Soma sind zwar noch nicht endgültig wissenschaftlich erforscht, doch können wir sagen, dass der Mensch als Einheit Körper-Seele auch feinste Schwingen registriert, was durch das Elektroenzephalogramm (EEG), welches Gehirnströme aufzeichnet, eindeutig bewiesen werden konnte: Jede Veränderung des emotionalen Zustandes eines Menschen wird entsprechend in körperliche Gehirnzellenschwingungen „übersetzt“. Diese wissenschaftliche Erkenntnis ist übrigens nichts Neues: Bereits im Jahr 1873 hat der britische Physiologe W. B. Carpenter entdeckt, dass in der Wahrnehmung einer Bewegung, ja schon allein der Vorstellung einer solchen, der Anreiz vorhanden ist, sie auch auszuführen. Carpenter wies von diesem Anreiz hervorgerufene Energieströme in verschiedenen Teilen der Muskulatur nach, beispielsweise in der Hand.

Es wäre übrigens nicht denkbar, dass Schwingungen, die der Pendler empfängt, sich in ganz bestimmten Pendelbewegungen niederschlagen – etwa Kreisbewegungen nach links oder rechts -, ohne die überaus stark entwickelte Sensibilität der menschlichen Hand!
Zusammenfassend bleibt festzuhalten, dass alles, was existiert, eine ganz bestimmte Strahlung aussendet, die von seiner atomaren Grundstruktur sowie mikroelektrischen Prozessen hervorgerufen wird. Jeder Mensch, jeder Ort und jedes Ding strahlt also auf seine ganz eigene Weise.

Die vier Spannungskräfte

Auf uns wirken nicht nur Strahlungen unterschiedlichster Art ein, sondern wir senden auch ständig Schwingungen aus, was das Ergebnis von Pendelbefragungen manipulieren und verfälschen kann. Was nützt dann eine Pendelantwort überhaupt, wenn ich befürchten muss, sie unbewusst manipuliert zu haben, fragen Sie sich jetzt vielleicht. Lassen Sie sich von diesem Problem nicht entmutigen, sondern ziehen Sie die einzig richtige Konsequenz daraus: Verhalten Sie sich beim Experimentieren passiv – nicht im Sinne von gleichgültig, sondern indem Sie nicht mit einer bestimmten Erwartungshaltung an den Versuch herangehen. Jeder Pendler sollte sich vergegenwärtigen, dass er es bei seinen Experimenten mit verschiedenen Spannungskräften zu tun hat:

1. Die Spannungskräfte seiner Person (Gedankenenergie), eben jene Kraft, die das Pendelresultat verfälschen *kann*, jedoch keineswegs notwendigerweise verfälschen *muss*.
2. Die Spannungskräfte des Gegenstandes (Objektenergie), also jene Energieströme, welche von dem Gegenstand, über dem der Pendel schwingt, ausgehen.
3. Die Spannungskräfte der Umgebung (Umgebungsenergie), die durch die jeweiligen äußeren Umstände bedingt sind (Beschaffenheit des Raumes, Zeitpunkt, An- oder Abwesenheit von [bestimmten] Menschen etc.), in welche die Pendelbefragung eingebettet ist.
4. Ob das Material, aus dem der Pendel besteht, das Ergebnis der Befragung beeinflussen kann oder nicht, ist umstritten; wir werden uns mit dem

Pendelkörper im vierten Kapitel „Wege zum richtigen Pendeln“ befassen. Dass all diese Spannungskräfte Einfluss auf das Resultat der Pendelbefragung haben, sollte Ihnen stets bewusst sein. Um zu einem objektiv gültigen Pendelergebnis zu gelangen, überprüfen und wiederholen Sie jeden Versuch mit Hilfe von so genannten Kontrollfragen, auf die ich später noch zu sprechen kommen werde. Hierbei ist es ratsam, die Bedingungen des Experiments zu verändern. Sie können einer Manipulation des Ergebnisses durch die Spannungskräfte Ihrer Person und der Umgebung entgegenwirken, indem Sie die Pendelbefragung während verschiedener Gefühlszustände sowie in Anwesenheit verschiedener Menschen(-gruppen) durchführen. Was die Spannungskräfte Ihrer Person betrifft, sollten Sie auch durch Tests herausfinden, welche Ihrer Hände für das Pendeln besser geeignet ist. Es trifft nämlich – wie häufig behauptet wird – keineswegs immer zu, dass bei Rechtshändern die rechte, bei Linkshändern die linke Hand den Pendel „talentierter“ führt. Und nehmen Sie sich bitte ganz besonders zu Herzen, dass sich vorgefasste Anschauungen und Meinungen auf das Pendelergebnis ganz massiv verfälschend auswirken. Befreien Sie sich also von innerer Anspannung und Nervosität, von einer (zu hohen) Erwartungshaltung und Erfolgsdruck. Versuchen Sie, für das Neue, das Sie erwartet, so offen als möglich zu sein!

Gibt es eine typische „Pendel-Persönlichkeit“?

Gewiss werden Sie sich schon die Frage gestellt haben, ob Sie überhaupt zum Pendeln begabt sind. So viel schon einmal vorweg: Eine typische „Pendel-Persönlichkeit“, die ganz bestimmte Anforderungen zu erfüllen hat, gibt es nicht. Natürlich lässt sich nicht bestreiten, dass die eine Persönlichkeitsstruktur weniger, die andere mehr günstige Voraussetzungen für das Pendeln mitbringt. Wie in anderen Bereichen auch, kann man aber an seinem Talent arbeiten. Eine gewisse Sensibilität ist für das Pendeln ohne Frage notwendig, aber wer über eine solche nur in geringem Maß verfügt, dürfte sich für das Pendeln ohnehin nicht interessieren. Mit Bestimmtheit kann man jedenfalls sagen, dass nach wie vor kursierende Vorurteile darüber, wer

angeblich für das Pendeln prädestiniert sei und wer nicht, schlicht und einfach unsinnig sind – es gibt keine typischen Kennzeichen, an denen man ein Talent zum Pendeln sofort erkennen könnte.
Inwieweit die eigene Pendel-Befähigung ernst genommen wird, hängt dagegen von der Einstellung ab, mit der man dem Pendeln begegnet. Wer davon überzeugt ist, dass das Pendeln etwas Lächerliches, Unwissenschaftliches oder ganz einfach ein Humbug ist, wird naturgemäß kaum erwarten können, seriöse Pendelergebnisse zu erzielen.
Um erfolgreich pendeln zu können, sollten drei Voraussetzungen erfüllt sein:
1. Seien Sie entspannt und ausgeglichen
Wer sich zu stark von äußeren Eindrücken ablenken lässt, innerlich unausgeglichen, unruhig, überarbeitet oder erschöpft ist, wird sich schwerlich auf feine Schwingungen konzentrieren können. Man sollte daher mit dem Pendeln so lange warten, bis die innere Anspannung abgeklungen und man ruhig und gelassen ist. Welcher körperliche, geistige und seelische Zustand sich für das Pendeln am besten eignet und wie man diesen Zustand erreicht, werde ich an späterer Stelle ausführlicher erläutern.
2. Konzentrieren Sie sich so stark wie möglich auf die dem Pendel gestellte Frage
Vermeiden Sie es jedoch, die Antwort in Gedanken vorwegzunehmen.
3. Hüten Sie sich vor übertriebener Ichbezogenheit und Egoismus
Wer das Pendeln wirklich ernst nimmt, sollte es nur um der Wahrheit willen und den Mitmenschen zuliebe ausüben und nicht, um eine eventuell vorhandene Macht- oder Geltungssucht zu befriedigen.

Übung macht den Meister

Es ist noch kein Meister vom Himmel gefallen, meint der Volksmund zu Recht und diese Weisheit trifft auch auf den Pendler zu. Wie Sie in der Praxis am besten verfahren, um in der Radiästhesie befriedigende Fortschritte zu erzielen, wird uns im nächsten Kapitel noch beschäftigen. Hier sei nur kurz auf einige allgemeine Überlegungen zur Pendelkunst und die Bedingungen hingewiesen, die notwendig sind, um sie zu vervollkommnen. Da die Fähigkeit zu pendeln untrennbar mit der Seele-Geist-Einheit zusammenhängt, ist sie eng verknüpft mit der jeweiligen persönlichen Entwicklung des Pendlers; die Pendelkraft wird sich umso mehr entwickeln, je weiter Sie Ihre Spiritualität, Ihren Geist und Ihre Seele entfalten. Wenn Sie sich unvoreingenommen und ohne Scheu für die höheren geistigen und spirituellen Schwingungen öffnen, werden Sie sich in Ihrem Denken und Handeln von Zwängen materieller und anderer Art auf Dauer zunehmend befreien. Dann wird die Einheit aus Körper, Seele und Geist, die *Sie* sind, mit dem Pendel – dem Instrument, mit dem Sie Schwingungen empfangen und sichtbar machen – gleichsam verschmelzen. Ganz bewusst spreche ich von dem Pendel als einem Instrument oder Werkzeug: Denn Sie – Ihre Seele, Ihr Unterbewusstsein – sind es, die oder der die höheren Schwingungen sendet und empfängt, der Pendel hilft Ihnen „nur" dabei, sich diese bewusst und damit nutzbar zu machen.

Wege zum richtigen Pendeln

Welcher Pendelkörper, welcher Faden ist geeignet?

Die Welt der Pendelkörper und -fäden ist äußerst vielfältig: konisch, kugel-, tropfen-, stäbchen-, spiral- oder birnenförmig, sind sie geformt aus Holz, Kork, Kristall, Eisen, Chrom, Messing, Kupfer, Silber oder Gold, in schlichter oder verzierter Form, befestigt an einem feinen Kettchen aus (Edel-)Metall oder an einem kräftigen Baumwollzwirn bzw. Leinenfaden. Kein Wunder, dass es Einsteigern meistens schwer fällt, sich auf Anhieb für ein Pendel zu entscheiden.

Über die ideale Beschaffenheit des Pendels gibt es unterschiedliche Auffassungen. Während die einen für die Wahl des Materials von Pendelkörper und Faden, für das adäquate Gewicht oder die Form genaue Vorgaben für sinnvoll halten, lassen andere die Frage, welcher Pendel für wen am besten geeignet ist, bewusst offen.

Um es nochmals zu betonen: Der Pendel, unabhängig von Größe, Form und Material, ist ein Werkzeug, das die feinen Schwingungen des Pendlers aufnimmt und sichtbar macht; jeder Pendel reagiert also abhängig von der Person, die ihn hält und nahezu unabhängig davon, wie er beschaffen ist. Daher ist es für die ersten Versuche einerlei, welcher Art von Pendel man den Vorzug gibt – Hauptsache, man fühlt sich mit dem Pendel seiner Wahl wohl, vertraut ihm und ist davon überzeugt, dass er allein der Wahrheit verpflichtet ist. In diesem Sinn lässt sich als Pendel praktisch jeder Gegenstand verwenden, den man an einem Faden oder Kettchen befestigen kann. Dies kann ein Ring, eine Uhr, ein Armreif, ein zugespitzter Korken, ein Nagel, eine Schraube oder ein Schlüssel sein. Für den Dauergebrauch empfiehlt sich jedoch einer der Pendel, die im Handel erhältlich sind, denn mit zunehmender Erfahrung wachsen auch die Ansprüche an seine präzise Aussagekraft.

Für den Kauf eines Pendels kommt es in erster Linie darauf an, dass Pendelkörper und Faden dem Pendler spontan oder besser gesagt, intuitiv ansprechen. Im Übrigen kann man, wenn man handwerklich einigermaßen geschickt ist, sein Pendel auch selbst herstellen, etwa aus einem Stück Holz, einem Korken oder einem großen Nagel. Dies hat den Vorteil, dass man ihn genau nach seinen individuellen Vorstellungen entwerfen und gestalten kann.

Was die Wahl des geeigneten Fadens bzw. Kettchens betrifft, so ist weniger das Material, sondern vielmehr die Länge und die richtige Befestigung von Bedeutung. Man sollte unbedingt darauf achten, dass der Faden oder die Kette in der Mitte des Pendelkörpers befestigt ist. Auf diese Weise ist gewährleistet, dass der Pendel gleichmäßig rotieren kann und nicht „eiert". Auch sollte der Pendelkörper das Gleichgewicht gut halten können, sodass er während des Hin- und Herschwingens nicht wackelt oder zittert; der Faden sollte daher weder zu lang noch zu kurz, weder zu dick noch zu dünn sein.

Auf einen Nenner gebracht, sind in Bezug auf Faden oder Kettchen im Wesentlichen zwei Gesichtspunkte zu beachten:

1. Die Länge des Fadens oder Kettchens sollte in einem angemessenen Verhältnis zum Gewicht des Pendelkörpers stehen. Üblicherweise hängt ein Pendelkörper mit einem Gewicht von etwa 20 Gramm an einem Faden von etwa 10 Zentimetern Länge. Für einen schweren *Geländependel* von etwa 100 Gramm ist eine Fadenlänge von circa 30 Zentimetern angemessen. Sie können auch eine kürzere oder längere Ausführung wählen. Probieren Sie einfach aus, mit welcher Länge Sie am besten zurechtkommen!

Fachkundige empfehlen Anfängern manchmal, einen kürzeren Faden von mindestens 3 und höchstens 6 Zentimetern Länge für ihre ersten Übungen zu benutzen. Dies kann jedoch – vor allem für Männer und Frauen mit großen Händen – den Nachteil haben, dass der Pendel zwischen den Fingern nicht mehr gut genug schwingt und man unwillkürlich versucht ist, bei der gewünschten Bewegung des Pendels ein wenig „nachzuhelfen". Auch hier gilt: probieren geht über studieren. Nehmen Sie dazu einen normalen Bindfaden von etwa 15 Zentimetern Länge und kürzen Sie ihn durch kleine Knoten an der Stelle, an der Sie den Faden halten, nach und nach auf etwa 5 Zentimeter. Nun sollten Sie den Faden auf die Länge, die Ihnen am angenehmsten erscheint, zurückschneiden und diese dann für die nächste Zeit beibehalten. Es ist möglich, dass Sie später das Bedürfnis haben werden, die Fadenlänge zu variieren. Manche Pendler haben nämlich die Erfahrung gemacht, dass sie bei bestimmten Aufgaben mit einem kürzeren oder längeren Griff prägnantere Ergebnisse erzielen. Es bleibt natürlich Ihnen überlassen, ob Sie den Pendelfaden auf gleicher Länge oder flexibel halten möchten.

2. Bei der Frage, ob Sie lieber mit einem Faden oder einem Kettchen arbeiten wollen, ist zu bedenken, dass Kettchen haltbarer als Baumwoll- oder Leinenfäden und zugleich weniger störanfällig für äußere Faktoren (zum Beispiel Zugluft) sind. Außerdem neigen Fäden dazu, sich beim Pendeln zu drehen, was die Pendelbewegungen beeinträchtigen kann. Dagegen empfinden manche Pendler Ketten als zu starr oder zu massiv, weshalb sie den flexibleren, leichteren Faden bevorzugen. Sollten Sie sich für eine Kette entscheiden, dann wählen Sie am besten ein dünnes Metallkettchen aus. Für den Faden empfiehlt es sich, auf natürliche, strapazierfähige Materialien wie Baumwolle, Seide oder Leinen zurückzugreifen; von Nylon ist hingegen abzuraten.

Form, Gewicht und Größe des Pendelkörpers

Für den Anfang ist es völlig ausreichend, einen Gebrauchsgegenstand oder ein Schmuckstück als Pendel einzusetzen. Wenn Sie sich mit dem Pendeln und den verschiedenen Pendelmethoden ein wenig vertraut gemacht haben, sollten Sie sich vor dem Erwerb eines Pendels allerdings Gedanken darüber machen, für welchen Zweck Sie ihn in Zukunft einsetzen möchten. Werden Sie vorwiegend mit Pendeldiagrammen arbeiten? Dann sollte Ihr Pendel am Ende deutlich zugespitzt sein. Je spitzer der Pendel, desto exakter sind die Ergebnisse ablesbar. Oder ist abzusehen, dass Sie eher größere Flächen auspendeln werden, etwa in Haus oder Garten, um möglichen Störfeldern auf die Spur zu kommen? In diesem Fall eignen sich auch kugel-, ring- oder ovalförmige Pendel.

Es spricht übrigens nichts dagegen, zwei verschiedene Pendel in Gebrauch zu haben. So vermeiden Sie es, sich von vornherein darauf festzulegen, welchem Bereich Sie für Ihre zukünftige Pendel-Arbeit den Vorzug geben.

Noch ein Wort zu den Pendeln, die im Handel erhältlich sind: Das Angebot in Bezug auf Material, Form, Größe und Gewicht ist, wie gesagt, breit gefächert. Letztlich können hier nur Ihre ganz persönlichen Vorlieben und

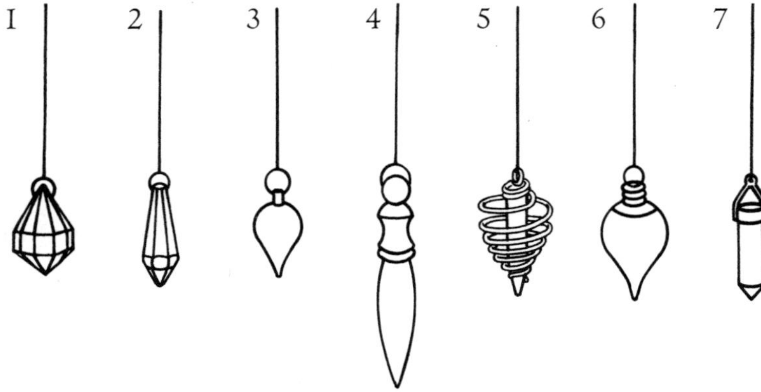

1 und 2 Kristallpendel mit Fassettenschliff, 3 und 6 tropfenförmige Pendel aus Metall, 4 ägyptische Form aus Stein oder Holz, 5 Pendel mit Kupferspirale, 7 einfacher Kristallpendel

Bedürfnisse, Ihr spontanes Für oder Wider die Qual der Wahl erleichtern – und nicht der gut gemeinte Rat des Verkäufers oder die Höhe des Kaufpreises.

Für die mechanisch-physikalischen Voraussetzungen sind im Folgenden deshalb nur einige Kriterien aufgeführt, die man beachten sollte, damit größtmögliche Genauigkeit und Sicherheit bei der Arbeit mit dem Pendel gewährleistet sind.

Einerseits sollte man – vor allem als Einsteiger – darauf achten, dass der Pendelkörper schwer und groß genug ist, damit er die Schwingungen zuverlässig weitergeben kann. Andererseits ist es ratsam, dass er, wenn er nicht ausschließlich für die Arbeit im Freien benutzt werden soll, nicht zu groß ist, denn je schwerfälliger ein Pendel arbeitet, desto langsamer kann er die Schwingungen transportieren und desto schwieriger ist es, die Antworten richtig zu deuten. Hinzu kommt, dass die Hand bei einem schwereren Pendel schneller ermüdet.

Leichtere Pendel reagieren dagegen auf Schwingungen äußerst empfindlich. Dies ist natürlich zunächst ein Vorteil, da praktisch immer (sichtbare) Ergebnisse erzielt werden. Zugleich nehmen Pendel von geringem Gewicht auch unbeabsichtigte Bewegungen leichter auf – und davor sind ungeübte

Pendler im Allgemeinen kaum gefeit: Mehrdeutige oder falsche Resultate sind vorprogrammiert. Am besten ist es, einfach verschiedene Gewichte auszuprobieren und dann den Pendel auszuwählen, der sich am angenehmsten anfühlt.

Für die Suche nach dem richtigen Pendel kann es darüber hinaus hilfreich sein, sich nach den Objekten zu richten, die bevorzugt ausgependelt werden sollen. Bei den folgenden Angaben handelt es sich um allgemeine Richtwerte, wie sie sich in der Praxis bewährt haben:

- Für kleine Objekte wie Mineralien bzw. Steine, Schmuck, Nahrungsmittel und Medikamente ist ein kleinerer bis mittelgroßer Pendel von etwa 10 bis 30 Gramm geeignet, der an einem Faden bzw. Kettchen von ca. 8 bis 16 Zentimetern befestigt ist.
- Für ein Pendeldiagramm in DIN-A4-Format hat sich ein mittelgroßer Pendel von etwa 15 bis 40 Gramm Gewicht besonders bewährt, der an einem Faden oder Kettchen von ca. 16 bis 20 Zentimetern hängt.
- Für die Arbeit im Gelände (beispielsweise die Suche nach Erdstrahlen bzw. Störfeldern) sollten Sie einem großen Pendel mit einem Gewicht bis zu 150 Gramm den Vorzug geben, der an einem Faden bzw. Kettchen von maximal 40 Zentimetern Länge angebracht ist.

Wird Pendeln durch bestimmte Materialien beeinflusst?

Sie können also mit allem pendeln, was Ihnen geeignet erscheint – Hauptsache, der Pendel liegt Ihnen und Sie haben das Gefühl, mit ihm gute Ergebnisse zu erzielen. Dennoch möchte ich Ihnen die Diskussion um das geeignete Material nicht vorenthalten. Da jedes Material seinen eigenen Charakter und sein spezifisches Schwingungsmuster besitzt, sind einige Experten der Meinung, dass dies den Pendelvorgang erheblich beeinflussen kann. Am häufigsten sind Metallpendel aus Messing, Chrom, Eisen, Kupfer, Stahl bzw. Silber und Gold in Gebrauch. Aber auch Mineralien- (Bergkristall, Lapis oder Rosenquarz) und Holzpendel erfreuen sich zunehmender Beliebtheit. Einige Radiästheten vertreten nun die Ansicht – um nur einen von vielen strittigen Punkten bei der Frage nach dem geeigneten

Material herauszugreifen -, dass sich Eigenschaften wie elektrische Leitfähigkeit und Filterung von bestimmten Schwingungen und Strahlungen auf das Pendelverhalten auswirken können. Danach wird zum Beispiel Chrom aufgrund seiner geringen Leitfähigkeit ein eher „abwehrendes" Verhalten nachgesagt, wohingegen Kupfer und Messing besonders leitfähige Metalle sind und deshalb in Bezug auf Schwingungen als besonders aktiv und dynamisch gelten. Folglich ist ihre Filterfunktion ziemlich eingeschränkt; empfänglich für Energien aller Art, also auch für unerwünschte Schwingungen, die nicht vom Pendler, sondern von der Umgebung ausgehen, können solche Metalle angeblich die Pendelergebnisse verzerren oder verfälschen. Darüber hinaus sollen die besonderen Schwingungseigenschaften der einzelnen Metalle nicht für alle Menschen gleich gut geeignet sein. Aus diesem Grund lautet die allgemeine Empfehlung, dass man vor dem Erwerb eines Pendels immer genau prüfen sollte, mit welchem Material man gut zurechtkommt. Manch ein erfahrener Pendler schlägt auch vor, sich für ein Material zu entscheiden, das mit dem eigenen Sternzeichen korrespondiert (zum Beispiel Eisen für Widder, Kupfer für Stiere, Blei für Wassermänner und so fort). Ich für meine Person kann nicht bestätigen, dass sich die Wahl des Materials gravierend auf meine Arbeit oder die mir bekannter Personen ausgewirkt hätte. Meiner Meinung nach sollte es grundsätzlich jedem freigestellt sein, nach welchen Kriterien er sein Pendel wählt, denn für welche Form, Größe und Material Sie sich schließlich auch entscheiden – das Wichtigste ist und bleibt, dass Sie *Ihren* idealen Pendel finden. Lassen Sie sich also vom „Wenn" und „Aber" anderer nicht beeinflussen!

Die Pendelhaltung

Die ersten Übungen mit dem Pendel erfolgen am besten auf einem stabilen Tisch. Später können Sie selbstverständlich auch im Stehen oder flach auf dem Boden liegend pendeln – oder wie auch immer Sie wollen.
Setzen Sie sich auf einen bequemen Stuhl und halten Sie Ihren Oberkörper in aufrechter Position; in gebeugter Haltung verkrampft sich zu leicht die Rücken-, Schulter- und Nackenmuskulatur. Beide Fußsohlen stehen fest

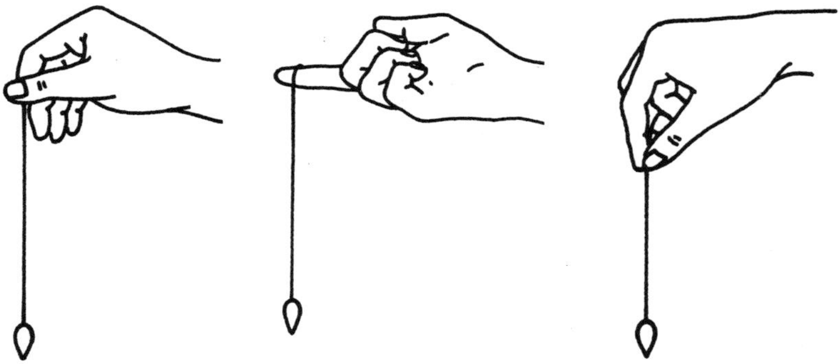

Drei mögliche Handhaltungen

auf dem Boden. Stützen Sie nun die Ellbogen beider Arme auf dem Tisch ab und nehmen Sie dann den Pendelfaden in die Hand: Linkshänder gebrauchen – zunächst – ihre linke, Rechtshänder die rechte Hand. (Im Verlauf Ihrer ersten Übungen mit dem Pendel werden Sie schnell feststellen, ob Sie mit dieser Regelung zurechtkommen oder ob es für Sie möglicherweise besser ist, die Hand zu wechseln.)
Der Pendel sollte so gehalten werden, dass er völlig ungehindert schwingen kann. Dafür nimmt man den Faden zwischen Daumen und Zeigefinger und zwar einerseits locker genug, um die Pendelbewegung in seiner Bewegungsfreiheit nicht einzuschränken, andererseits so fest, dass er einem nicht entgleitet. Dabei achten Sie darauf, nicht die Finger zu verkrampfen. Die Hand, die den Pendel hält, ist leicht nach unten gerichtet, ohne sich zu versteifen. Die andere Hand liegt locker auf dem Tisch und bewegt sich nicht. Entscheidend ist, dass Sie vollkommen ruhig und entspannt sind, dass Ihr Körper völlig ausgeruht und Ihr Geist frei von Gedanken ist. Jede Form von An- oder Verspannung wirkt sich – wie schon erwähnt – negativ auf Energiefluss und Schwingungen aus: Angespannte oder verkrampfte Muskeln oder geistig-seelische Unausgeglichenheit rufen energetische Blockaden hervor, die für das Pendeln abträglich sind, ja es sogar verhindern können. Wenn Sie müde oder überarbeitet sind, wenn Sie sich gestresst fühlen oder wenn Sie das Thema, um das es geht, emotional sehr bewegt, sollten Sie sich überlegen, ob Sie Ihr Vorhaben nicht auf einen späteren Zeitpunkt ver-

schieben wollen. Keineswegs sollte man sich selbst und sein Pendel unter Erfolgsdruck setzen. Gehen Sie daher nicht mit zu großen Erwartungen an Ihre ersten Pendelversuche. Gerade in der Anfangsphase kann sich der Pendel widersprüchlich bewegen und „falsche" Antworten geben. Das ist ganz normal und Sie sollten sich deshalb keineswegs entmutigen lassen. Haben Sie Vertrauen in Ihre siderischen Kräfte und seien Sie davon überzeugt, dass Ihr Pendel diese für Sie sichtbar machen wird!

Auf die geistige Einstellung kommt es an

Neben Ruhe und Geduld erfordert das Pendeln vor allem eine neutrale Grundhaltung. In unserer von Hektik und Stress bestimmten Zeit ist es allerdings nicht immer einfach, ausgeglichen zu sein, geschweige denn, sich „auf Knopfdruck" in einen harmonischen, von Sorgen, Gedanken und Gefühlen völlig freien Zustand zu versetzen. Vor diesem Hintergrund erweist sich Pendeln auch als wunderbare Möglichkeit der Persönlichkeitsentwicklung: So wie für das Pendeln die totale innere Sammlung und Konzentration auf sich selbst eine Grundvoraussetzung ist, so erwächst aus ebendieser Fähigkeit auch eine Lebensstrategie, die uns in die Lage versetzt, die Unwägbarkeiten des Lebens besser zu bewältigen. So gesehen, dient Pendeln immer auch der Selbsterfahrung: Mit seiner Hilfe kann der Zugang zur eigenen Tiefe gefunden werden.
In diesem Sinn kann der Pendel zugleich als Spiegel unseres momentanen Gemütszustands verstanden werden: „Falsche" oder ungenaue Reaktionen liegen oftmals in uns selbst begründet. Fest steht: Vorgefasste Meinungen und abschweifende Gedanken, aber auch Gefühle wie Angst, Trauer, Wut, Ungeduld oder Eifersucht, Neid, Konkurrenzdenken, Ehrgeiz und Habgier, die zudem meistens mit großen Wunschvorstellungen in Bezug auf die Antwort des Pendels einhergehen, entspringen der disharmonischen Verfassung unseres Innenlebens und sind dem Pendeln – und der Wahrheit – in jeder Hinsicht abträglich. Zwar ist nicht auszuschließen, dass der Pendel sich trotz des „störenden" Einflusses unserer Gedanken und Gefühle bewegen wird – ja, es ist sogar möglich, dass er uns gleich darauf die er-

hoffte Antwort gibt –, aber mit hoher Wahrscheinlichkeit werden die Ergebnisse nicht oder wenn doch nur zufällig der Wahrheit entsprechen. Auch kann es sein, dass dadurch ein falscher Ausschlag des Pendels provoziert oder seine Reaktion gänzlich verhindert wird. Daher ist es von allergrößter Bedeutung, dass man möglichst nichts denkt und nichts fühlt, dass man völlig „leer" ist. Da es zur Natur unseres Denkens und Empfindens gehört, nahezu unablässig in Bewegung zu sein, ist es mit Sicherheit hilfreich, sich mit Hilfe von Meditation, Visualisierung oder Atemübungen für das Pendeln bereitzumachen.

Entspannen Sie sich!

Sie können aber auch folgende einfache Übung durchführen, die mindestens fünf und maximal zehn Minuten dauern sollte: Setzen Sie sich mit aufrechter Wirbelsäule entspannt auf einen bequemen Stuhl oder legen Sie sich hin, den Nacken durch ein Kissen gut unterstützt. Schließen Sie die Augen und atmen Sie durch die Nase ganz bewusst tief ein und aus. Gehen Sie langsam zur Bauchatmung über; zur Unterstützung können Sie auch eine Hand auf Ihren Bauch legen und dorthin atmen. Konzentrieren Sie sich nun auf das Ein- und Ausatmen. Stellen Sie sich beim Ausatmen vor, dass Sie alle störenden Gedanken, alle negativen Empfindungen ausatmen, dass diese Ihren Körper einfach als farbige Flüssigkeit verlassen, die Sie nun mit jedem Ausatmen vollständig nach außen abgeben: durch den Kopf, die Nase, die Ohren, den Hals, die Schulterblätter, Arme und Hände, durch die Fingerspitzen, die Brust und den Rücken, durch das Becken, die Oberschenkel, Knie, Waden, Füße und Zehenspitzen.
Wenn störende Gedanken auftauchen, lenken Sie Ihre Aufmerksamkeit sofort wieder auf die „Flüssigkeit", die Sie während des Atmens abgeben und stellen Sie sich vor, wie sie langsam durch die Körperteile und -öffnungen abfließt und immer mehr aus Ihrem Körper gelangt.
Wenn Sie spüren, dass Sie die Flüssigkeit vollständig ausgeatmet haben, atmen Sie noch zwei- bis dreimal tief durch, dehnen und strecken Ihre Glieder und öffnen dann die Augen. Nun können Sie sich entspannt und gelassen Ihrem Pendel widmen.

Konzentrieren Sie sich auf Ihren Pendel

Nachdem man sich für das Pendeln innerlich bereitgemacht hat, gilt es, diese ruhige, konzentrierte, gelassene Haltung auch beizubehalten. Daher ist es wichtig, sich durch nichts und niemanden ablenken zu lassen, auch nicht durch sich selbst, etwa durch blitzartig auftauchende Gedanken oder eine ruckartige Bewegung. Konzentrieren Sie sich ganz auf den Pendel. Halten Sie den Blick fest auf die sich bewegende Pendelspitze gerichtet und folgen Sie ihren Schwingungen. Achten Sie jedoch darauf, dass Ihre Augen den Pendelbewegungen folgen, wie sie wirklich stattfinden und nicht, wie Sie meinen, dass sie verlaufen sollten. Beschreiben Ihre Augen nämlich gedachte Pendelschwingungen, die der Pendel faktisch gar nicht ausführt, beeinflussen Sie damit das Ergebnis.

Sollten Sie sich dennoch einmal dabei ertappen, dass Sie eine Antwort bereits im Kopf formuliert haben, noch bevor der Pendel seine Antwort geben konnte, ist es ratsam, die Arbeit zu unterbrechen. Atmen Sie ein paarmal tief durch, um sich innerlich wieder bereit, das heißt frei von Gedanken und Gefühlen zu machen und beginnen Sie von vorn.

Äußere Bedingungen beim Pendeln

Bevor wir uns mit der angemessenen Befragung eines Pendels beschäftigen, sollten noch ein paar grundsätzliche Punkte geklärt werden. Hierzu gehört die Empfehlung einiger Radiästheten, zum Pendeln eine besondere Unterlage zu benutzen. Um störende Strahlungen der unmittelbaren Umgebung, des auszupendelnden Objektes oder der anwesenden Personen konsequent zu vermeiden, setzen manche von ihnen Isoliermatten ein. Ich persönlich halte dies nicht unbedingt für erforderlich. Wenn Sie sich jedoch mit einer solchen Unterlage wohler fühlen, sollten Sie Materialien wie Gummi, Holz oder Papier wählen, auf Plastik jedoch besser verzichten.

Darüber hinaus sind folgende Maßnahmen ratsam:

SORGEN SIE FÜR EINE RUHIGE, STÖRUNGSFREIE UMGEBUNG. Um jede Form der Ablenkung zu vermeiden, ist es wichtig, sämtliche äußeren Störfaktoren zu beseitigen. Ziehen Sie sich am besten in einen Raum zurück, wo Sie keine Geräusche hören und nicht gestört werden. Lassen Sie im Hintergrund kein Radio oder Fernsehgerät laufen. Stöpseln Sie eventuell das Telefon aus.

ZUR REINIGUNG UND PFLEGE DES PENDELS sollten Sie ihn regelmäßig unter fließend kaltem Wasser abspülen. Tatsächlich hinterlassen die feinstofflichen Energien, die der Pendel von Ihnen oder den auszupendelnden Objekten wie etwa einer kranken Körperstelle, Medikamenten, Aromaölen, Bachblüten oder (toxisch belasteten) Nahrungsmitteln aufnimmt. Wenn man sie nicht beseitigt, können sie bei erneutem Gebrauch des Pendels zu falschen Ergebnissen führen.

VERMEIDEN SIE ES, IHR PENDEL IN FREMDE HÄNDE ZU GEBEN. Der Pendel sollte Ihr ganz persönliches Instrument zur Anzeige Ihrer Schwingungen sein. Fremdeinflüsse durch andere Benutzer sind unerwünscht.

WENN SIE MÜDE WERDEN, HÖREN SIE SOFORT MIT DEM PENDELN AUF! Die Arbeit mit dem Pendel ist anstrengend. Vor allem am Anfang überschätzt man gern seine Kräfte und pendelt, ohne Pausen einzulegen oder auf Zeichen der Erschöpfung zu achten. Bei Müdigkeit oder Erschöpfung sind kaum noch exakte Ergebnisse zu erzielen. Daher empfiehlt es sich, bei den ersten Übungen nicht länger als zwanzig Minuten zu pendeln. Keine Sorge: Im Laufe der Zeit werden Sie ganz automatisch mehr Kondition erlangen.

ACHTEN SIE IHR PENDEL. Auch wenn es mit dem Pendeln einmal nicht so recht klappen möchte, sollten Sie nicht dem Pendel „die Schuld" dafür geben. Überprüfen Sie statt dessen lieber Ihre Motivation. Vielleicht pendeln Sie mit einer zu großen Erwartungshaltung? Oder Ihre Fragen waren nicht exakt genug formuliert? Kann es sein, dass Sie müde sind? Oder dass Sie durch Gedanken und Gefühle negativ beeinflusst bzw. abgelenkt sind? Fast immer liegt die Antwort in uns selbst, wenn sich der Pendel durch „falsche" oder ausbleibende Reaktionen „verweigert". In solchen Situationen hilft meistens nur noch eines: den nächsten Tag abwarten und es dann erfrischt und völlig unvoreingenommen erneut versuchen.

Von der Theorie zur Praxis

Pendelbewegungen verständlich gemacht

Nun gilt es, den Pendel aktiv in Gebrauch zu nehmen. Dazu müssen Sie natürlich erst einmal die Reaktionen Ihres Pendels erkennen und verstehen lernen. Auch wenn die Pendelbewegungen und -figuren individuell verschieden sind, so gibt es genaugenommen nur zwei exakte Varianten, über den Pendel die Antworten Ja oder Nein zu erhalten.

Ja- und Nein-Antworten

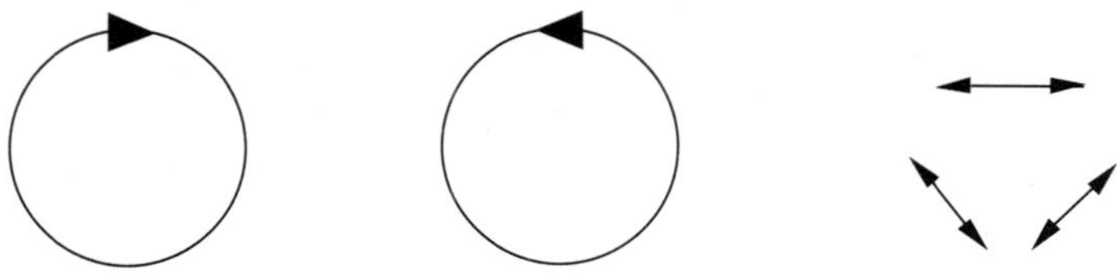

Ja *Nein* *Ungültig*

Die Interpretation des Rechts- und Linkskreises wurde wie folgt festgelegt: Die Rechtskreisbewegung (im Uhrzeigersinn) eines Pendels bedeutet *Ja*, die Linkskreisbewegung (gegen den Uhrzeigersinn) *Nein*. Erfolgt jedoch auf eine Ja-/Nein-Frage ein von diesen zwei Bewegungen abweichender Pendelausschlag – möglicherweise waagerecht nach links oder rechts oder kreux und quer –, muss die Antwort als ungültig gewertet werden.

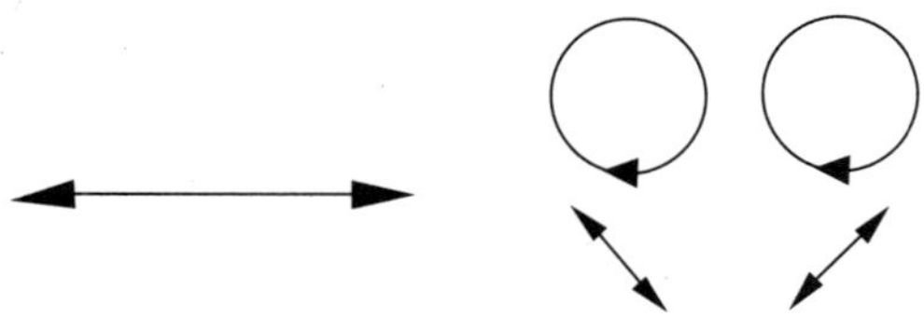

Ja *Nein* *Ungültig*

Diese Pendelfiguren ergeben sich aus Vor-und-Zurück- sowie aus geraden Links-Rechts-Bewegungen. Das senkrechte Vor-und-Zurück-Schwingen, das einem zustimmenden Kopfnicken entspricht, steht für *Ja*. Die waagerechten Links-Rechts-Bewegungen, die mit einem ablehnenden Kopfschütteln vergleichbar sind, bedeuten *Nein*.
Wenn der Pendel bei einer entsprechenden Frage Pendelkreise zieht oder diagonal schwingt, handelt es sich um eine ungültige Antwort.

Lassen Sie Ihren Pendel entscheiden

Jeder Pendler muss für sich selbst herausfinden, welche Pendelbewegungen bei ihm *was* bedeuten. Diese Entscheidung kann man bewusst oder intuitiv mit Hilfe des Pendels treffen. Für das intuitive Verfahren nehmen Sie Ihr Pendel zur Hand und stellen folgende Fragen:

- Welche Bewegung möchte der Pendel machen, wenn er Ja meint?
- Welche Bewegung möchte der Pendel machen, wenn er Nein meint?
- Welche Bewegung möchte der Pendel machen, wenn er mir keine oder eine „Vielleicht"-Antwort gibt?

Wenn Sie sich und Ihr Pendel auf eine Variante festgelegt haben, sollten Sie diese für die Zukunft beibehalten. Zugleich ist es sinnvoll, Ihr Unterbewusstsein mit Hilfe Ihres Bewusstseins auf diese Interpretationen einzustimmen, indem Sie

- die beiden Kreisbewegungen *bewusst* simulieren: Konzentrieren Sie sich auf die Aussage *Ja* und pendeln Sie einen Rechtskreis. Anschließend richten Sie Ihre Aufmerksamkeit auf die Antwort *Nein* und beschreiben mit dem Pendel einen Linkskreis. Wiederholen Sie die Pendelbewegungen einige Male im Wechsel, bis Sie das Gefühl haben, Ihr Unterbewusstsein hat sie sich eingeprägt.

oder

- die senkrechten bzw. waagerechten Bewegungen *bewusst* simulieren: Konzentrieren Sie sich auf die Aussage *Ja* und pendeln Sie senkrecht vom Körper weg und wieder zurück. Danach richten Sie Ihre Aufmerksamkeit auf die Antwort *Nein* und pendeln Sie quer vor dem Körper waagerecht hin und her. Wiederholen Sie die Pendelbewegungen einige Male im Wechsel, bis Sie das Gefühl haben, Ihr Unterbewusstsein hat sie sich eingeprägt.

Die richtige Art, Fragen zu stellen

Es gibt spezifische und unspezifische Fragen. Abgesehen davon, dass unspezifische Fragen meistens weniger interessant sind, kann man kaum erwarten, dass diese eindeutig und klar beantwortet werden – von einem Pendel ebensowenig wie von einem Gesprächspartner. Tatsächlich ist es beim Pendeln von entscheidender Bedeutung, dass die Fragestellung so exakt wie möglich ist. Missverständliche, verschachtelte oder ungenau formulierte Fragen, Fragen, auf die mehrere Antworten möglich sind oder Suggestivfragen, bei denen dem Pendel die erwünschte Antwort praktisch diktiert wird, beantwortet dieser zwangsläufig nur mit diffusen Schwingungen im Sinne eines Jeins und wird damit die gewünschte Eindeutigkeit schlichtweg verweigern. Ohnehin sollte die Frage immer so gestellt sein, dass sie mit Ja oder Nein beantwortet werden kann. Auf die Frage: *Wo kann ich den gesuchten Gegenstand finden?* trifft das beispielsweise nicht zu. Hier lautet die richtige Frage: *Befindet sich der gesuchte Gegenstand hier im Haus?* Wenn der Pendel bejaht, können Sie die Suche mit weiteren gezielten Fragen nach dem gleichen Muster auf immer kleinere Einheiten eingrenzen: auf den Raum, ein Möbelstück, die Schublade usw. Oder Sie fragen Ihr Pendel: *Kann ich dieses Nahrungsmittel essen?* Sicherlich wird Ihnen der Pendel auf diese Frage in den meisten Fällen mit einem *Ja* antworten. Besser wäre es daher zu fragen: *Ist es für mich gesund, dieses Nahrungsmittel zu essen?*

Eine Ausnahme bei der Fragestellung ergibt sich aus der Arbeit mit Pendeldiagrammen. Hier sind natürlich auch Fragen wie *Welcher Heilstein ist momentan für mich der Richtige?* sinnvoll, da der Pendel sich für einen der auf dem Diagramm verzeichneten Vorschläge entscheiden soll.

Prägnante, unmissverständliche Fragestellungen sind umso wichtiger, je komplizierter der Sachverhalt ist, der erforscht werden soll. Dabei ist es möglich, ja sogar wahrscheinlich, dass der Informationsbedarf, den man hat, nicht allein durch eine Frage gedeckt werden kann, sondern weitere detaillierte Fragen erfordert. In solchen Fällen ist es sinnvoll, sich Schritt für Schritt der Antwort anzunähern, wie durch das Beispiel der Suche nach einem bestimmten Gegenstand bereits deutlich wurde. Wenn Sie die richtige Fragetechnik erst einmal erlernt haben, werden Sie feststellen, dass Pendeln eigentlich ganz einfach ist.

Kontrollfragen sind unabdingbar

Ohnehin wird ein gewissenhaft arbeitender Pendler es niemals bei einer einzigen Frage bewenden lassen, sondern die Antwort des Pendels immer noch einmal durch eine Kontrollfrage untermauern: *Ist diese Antwort ... richtig?* oder *Gibt es noch eine andere, bessere Möglichkeit für ...?* oder *Hat mir das Ergebnis wirklich die beste Lösung für ... genannt?* und Ähnliches. Haben Sie sich einem Thema durch mehrere Detailfragen angenähert, ist es nicht unbedingt notwendig, noch einmal Schritt für Schritt zu kontrollieren, ob die einzelnen Resultate richtig sind. Hier genügt es, wenn Sie mit drei oder vier gezielten Fragen – die exakt genug sind, um beantwortet werden zu können – das Gesamtergebnis kontrollieren. Unangenehm werden Kontrollfragen, wenn der Pendel plötzlich mit *Nein* antwortet und damit anzeigt, dass Sie einen Fehler gemacht haben. Dann hilft alles nichts – Sie müssen jeden der einzelnen Schritte wiederholen. In solchen Fällen sollte man allerdings erst einmal ein paar Stunden verstreichen lassen, bevor man sich erneut an die Arbeit macht. Mitunter ist es nämlich ratsam, einen gewissen geistigen Abstand zum Thema herzustellen. Gerade, wenn es sich um ein Thema handelt, das dem Pendler sehr am Herzen liegt, kann man sich durch vorgefasste Gedanken, Wunschvorstellungen oder Erwartungshaltungen schnell unter Erfolgsdruck setzen, erst recht, wenn die Bestätigung des einmal erzielten Ergebnisses – zunächst – ausbleibt.

Der Anfang ist gar nicht so schwer

Wenn Sie nun mit Ihren ersten Übungen beginnen, sollten Sie immer bedenken: Es ist noch kein Meister vom Himmel gefallen. Auch wenn einige Radiästheten gern von sich behaupten, das Geheimnis ihres Erfolgs sei ihr angeborenes Talent zum Pendeln, hat sich immer wieder gezeigt, dass Pendeln vor allem eine Fertigkeit ist, die man erlernen kann. So gesehen, bringt Sie jede Übung, jedes Experiment mit Ihrem Pendel ein Stück weiter auf dem Weg, ein erfahrener Pendler zu werden.

Wie wir gesehen haben, sind die Grundlagen für den richtigen Umgang mit dem Pendel eigentlich ganz einfach und schnell zu erlernen, sodass nichts dagegen sprechen dürfte, die ersten praktischen Schritte sofort zu unternehmen. Freilich gibt es einige charakteristische Anfangshürden, die jedoch weniger mit der Sache, sondern vielmehr mit Ihnen selbst zu tun haben. Dazu gehören:

1. Manche Menschen haben ein mangelndes Vertrauen in die eigenen Fähigkeiten und bezweifeln tief in ihrem Inneren, dass sie mit dem Pendel tatsächlich objektiv gültige Ergebnisse erzielen können. Die unausgesprochene Haltung *Es wird mir bestimmt nicht gelingen,* wirkt sich dann unmittelbar auf das Pendeln aus, sei es, weil dadurch unnötige innere Blockaden aufgebaut werden, sei es, dass man sich durch falsche oder nicht erfolgte Resultate unbewusst „beweisen" möchte, dass man für das Pendeln wirklich nicht geeignet ist. Hier ist es wichtig, diese negative Grundstimmung gleich von vornherein aufzulösen. Statt sich einzureden, dass Sie es nicht können, sollten Sie sich mehrmals am Tag einfach laut vorsagen: *Ich vertraue vollkommen auf meine Fähigkeiten* oder Ähnliches, das Sie motiviert.

2. Neben der schon mehrfach erwähnten übergroßen Erwartungshaltung können Pendel-Ergebnisse auch durch mangelnde Geduld beeinflusst werden. Wenn man ungeduldig darauf wartet, dass der Pendel endlich eindeutige Resultate zeigt, wird man genau das Gegenteil erreichen. Versuchen Sie statt dessen lieber, das Tempo des Pendels anzunehmen und gelassen darauf zu warten, bis sich eine Antwort einstellt.

Denken Sie die Antwort nicht vor! Auf diese Weise nehmen Sie Einfluss auf Ihren Pendel und nötigen ihn, genau diese Antwort zu geben – auch wenn sie vielleicht falsch ist.

Erste Übungen

Die allerersten Übungen dienen zum einen dazu, den Pendel als Werkzeug, als Instrument zu entdecken, das die feinen Schwingungen des Pendlers bzw. des Objekts aufnimmt und sichtbar macht. Zum anderen fördern Sie auf geradezu spielerische Weise Ihre Pendel-Sensibilität. Lernen Sie, ein

Gefühl für Ihren Pendel zu bekommen, für seine verschiedenen Bewegungen, seine Neigung zu senkrechten und waagrechten oder zu links- und rechtskreisenden Pendelbahnen, kurzum für die Vielfalt seiner Reaktionsmöglichkeiten. Im Gegensatz zum so genannten geistigen Pendeln, bei dem der Pendelprozess primär auf der psychischen Ebene stattfindet, stellen Sie für diese ersten Übungen noch keine konkreten Fragen. Vielmehr geht es darum, wie der Pendel auf Ihr eigenes oder ein fremdes Energiefeld reagiert und dabei spielt es zunächst nur eine untergeordnete Rolle, inwieweit Sie sich innerlich für das Pendeln bereitgemacht haben – Hauptsache, Sie stehen den Bewegungen Ihres Pendels aufgeschlossen gegenüber!
Dennoch kann es sein, dass Sie zu verschiedenen Zeitpunkten unterschiedliche Ergebnisse erzielen werden oder dass die eine oder andere Übung erst einmal überhaupt nicht gelingen will. Lassen Sie sich dadurch nicht entmutigen! Ein paar Stunden später klappt es vielleicht schon.
Und das brauchen Sie für Ihre ersten Pendelversuche:

- einen Stift und einen Notizblock
- eine herkömmliche Stabbatterie
- Nahrungsmittel (zum Beispiel einen Apfel, eine Banane, verschiedene Brotsorten wie Vollkorn- und Weißbrot, ein Glas Rot- und Weißwein)
- verschiedene Zimmerpflanzen

Führen Sie die Übungen jeweils mehrmals durch und notieren Sie die Ergebnisse. Schreiben Sie auf, welche Bewegungen der Pendel gemacht hat, ob diese klar definierbar waren oder ob Sie den Eindruck hatten, dass der Pendel keine Auskunft geben wollte. Vergleichen Sie anschließend Ihre Ergebnisse. Dabei werden Sie feststellen, dass sich mit der Zeit einige bestimmte Pendel-Aussagen herauskristallisieren.
SO KÖNNTEN SIE IHRE NOTIZEN GLIEDERN:

Datum Gegenstand/Objekt
Linkskreise
Rechtskreise
Waagrechte Bewegungen
Senkrechte Bewegungen
Undefinierbare Bewegungen
Fehler bei der Ausführung

Die Übung mit der Batterie

Legen Sie eine funktionstüchtige Stabbatterie waagerecht vor sich auf den Tisch. Nehmen Sie Ihr Pendel und führen Sie ihn nahe zum Pluspol (+) der Batterie. Warten Sie, bis er zu kreisen beginnt. Schreiben Sie nun die Richtung auf, in der er gekreist hat. Danach halten Sie den Pendel an den Minuspol (-) und notieren sich anschließend ebenfalls das Resultat.
Normalerweise sind die Kreisbewegungen des Pendels über einer aufgeladenen Batterie eindeutig und entgegengesetzt und zwar am Pluspol nach rechts (Plus = positiv = *Ja*) und am Minuspol nach links (Minus = negativ = *Nein*). Falls Ihnen der Pendel auch nach mehrmaligem Durchführen der Übung konstant das umgekehrte Ergebnis anzeigt, sollten Sie ihn einfach in die andere Hand nehmen und es nochmals versuchen. Wenn der Pendel nun die richtigen Bewegungen macht, wissen Sie, dass Sie ihn bei Ihrer zukünftigen Arbeit einfach in dieser Hand halten müssen.

Übung mit Nahrungsmitteln

Ein Bereich, in dem der Pendel Ihnen besonders gute Dienste leisten kann, ist die Frage nach der Haltbarkeit oder Genießbarkeit von Nahrungsmitteln. Mit der folgenden Übung kann man verschiedene Lebensmittel und Getränke auf ihre Qualität und Verträglichkeit hin testen. Bei diesen allerersten Versuchen sollte es zunächst allerdings weniger darum gehen, verlässliche Aussagen zu erhalten, als darum, dass Sie sich erst einmal davon überzeugen, dass der Pendel auch wirklich reagiert! Befindet sich in Ihrem Kühlschrank Joghurt, Quark oder Milch, die schlecht geworden sind? Pendeln Sie die ungenießbaren Produkte aus und Sie werden sehen, dass der Pendel durch eine eindeutige *Nein*-Anwort vom Verzehr abraten wird.
Auch werden Sie möglicherweise feststellen, dass sich die Pendelbewegungen über den verschiedenen Brotsorten oder über Rot- und Weißwein ändern. Natürlich sagen auch jetzt eindeutige *Ja*- oder *Nein*-Antworten, also Rechts- oder Linkskreise oder senkrechte bzw. waagerechte Pendelbahnen, aus, ob die Qualität der einzelnen Lebensmittel in Ordnung ist oder ob diese für Sie persönlich gut verträglich sind.

Übung mit Zimmerpflanzen

Sicherlich besitzen Sie einige Zimmerpflanzen. Da jede Pflanze ihr eigenes Schwingungsfeld hat, dem Sie mit Hilfe des Pendels auf die Spur kommen können, sind sie hervorragende Pendelobjekte. Nehmen Sie also Ihr Pendel zur Hand und halten Sie ihn in geringem Abstand über die jeweilige Pflanze. Lösen die einzelnen Pflanzen unterschiedliche Bewegungen aus? Ergeben sich eindeutige *Nein*- oder *Ja*-Antworten? Anhand der Pendelergebnisse können Sie bereits einiges über die Pflanzen und die Beziehungen zu ihren Nachbarpflanzen oder ihrer unmittelbaren Umgebung erfahren. Im Übrigen weisen eindeutige *Nein*-Antworten darauf hin, dass der Standort der Pflanze möglicherweise nicht optimal ist (etwa zu viel oder zu wenig Sonneneinwirkung, trockene Heizungsluft etc.) oder aber die unmittelbare Nachbarschaft zu einer anderen Pflanze problematisch sein könnte. Bei negativen Pendel-Aussagen sollten Sie die Pflanze versuchsweise an einen anderen Ort stellen und dann erneut auspendeln: Zeigt der Pendel an, dass sich die „Situation" der Pflanze verbessert hat?
Wie immer der Pendel reagieren mag – die unterschiedlichen Schwingungsbilder der Pflanzen, die er anzeigt, machen Ihnen die mannigfaltigen Energien deutlich, die Sie umgeben.

Mit Hilfe dieser ersten Übungen haben Sie feststellen können, dass Strahlungen in Ihrer Umgebung eigentlich allgegenwärtig sind. Wenn Sie sie eine Zeit lang regelmäßig durchführen, werden Sie schon bald in der Lage sein, sich dem geistigen Pendeln zuzuwenden.

Pendeldiagramme und Pendelobjekte

Arbeiten mit Pendeldiagrammen

Über kurz oder lang wird jeder Pendler, der bereits die ersten Grundkenntnisse erworben hat, feststellen, dass man, was das Themenspektrum betrifft, mit dem Ja-/Nein-Antwortsystem ziemlich eingeschränkt ist. Gerade im Bereich der Heilmethoden ist es fast unmöglich oder zumindest enorm zeitaufwendig, wenn man jedes einzelne homöopathische Mittel, jede Bachblüte oder jeden Heilstein erst einmal auspendeln muss, bevor man das geeignete Mittel gefunden hat. Hier leisten Pendeldiagramme gute Dienste: Zum einen, weil mit ihrer Hilfe die Antwortmöglichkeiten um ein Vielfaches gesteigert werden, zum anderen, weil man die Auswahl der verschiedenen Antwortvarianten selbst bestimmen kann.

Die Sammelbegriffe Pendeldiagramm, Pendelkarte oder -tafel umfassen zunächst nichts Anderes als die verschiedenen Schemata, Übersichten, Tabellen und Aufstellungen, die man zum Pendeln heranziehen kann. In den folgenden Kapiteln, in denen die einzelnen Anwendungsmöglichkeiten des Pendels vorgestellt werden, finden Sie eine ganze Reihe von Pendeldiagrammen, die sich in der Praxis bewährt haben. Diese Pendeldiagramme stellen Kreise (360 Grad) dar, wobei die verschiedenen Antwortmöglichkeiten in Sektoren aufgefächert sind. Es ist aber auch möglich, Kreisausschnitte in Form eines Halbkreises (180 Grad) als Pendeldiagramme zu benutzen.

Noch ein Wort zur Praxis: Wenn Sie mit einem Pendeldiagramm arbeiten möchten, legen Sie es am besten auf einen stabilen Tisch. Setzen Sie sich bequem davor, stützen Sie den Ellbogen ab und halten dann Ihre Hand so, dass die Pendelspitze genau auf den Mittelpunkt des Diagramms zeigt. Ohnehin befindet sich bei den meisten Diagrammen dort, wo die einzelnen Sektoren aufeinander treffen, ein Punkt oder Kreis, der sich als Ausgangspunkt für den noch ruhenden Pendel geradezu anbietet. Dann konzentrieren Sie sich wie gewohnt auf das Thema, um das es geht und stellen

Ihre (erste) Frage. Da der Pendel nun für Sie zwischen den einzelnen Antworten entscheiden soll, muss die Frage auch deutlich dazu auffordern, also etwa: *Welche Bachblüte wirkt sich auf meine momentane Verfassung besonders positiv aus?* Jetzt kann der Pendel eine klare Antwort geben, indem er in Richtung eines der Sektoren hinschwingt.

Da manche Themenstellungen vielschichtig sind und die gewünschte Zahl der Antwortmöglichkeiten den Rahmen des Pendeldiagramms sprengen würde, empfiehlt es sich manchmal, mit mehreren Pendeldiagrammen zu arbeiten. Hierbei sollten Sie mit dem Diagramm beginnen, auf dem die höchste Ordnung verzeichnet ist und dann zur jeweils nächstniedrigeren Kategorie übergehen. Wenn Sie zum Beispiel unter einer Allergie leiden und nun mit Hilfe des Pendels die allergieauslösende Substanz ermitteln wollen, sollten Sie mit mindestens zwei verschiedenen Pendeldiagrammen arbeiten. Beginnen Sie mit einem Diagramm, auf dem die bekanntesten Bereiche aufgelistet sind, die für eine Allergie verantwortlich sein können: Nahrungsmittel, Pollen, Hausstaub, chemische Zusätze usw. Hat der Pendel sich beispielsweise für den Bereich Nahrungsmittel entschieden, wählen Sie als nächstes ein Diagramm, auf dem diverse Lebensmittel verzeichnet sind, so etwa verschiedene Obstsorten, Milchprodukte, Gewürze etc. Pendler mit medizinischen Kenntnissen können zum Abschluss noch ein Diagramm benutzen, auf dem die einzelnen Substanzen des ermittelten Lebensmittels vermerkt sind. Überprüfen Sie nach jedem Pendeln Ihr Ergebnis mit einer Kontrollfrage, etwa: *Reagiere ich auf den Verzehr von Erdbeeren tatsächlich allergisch?* Bestätigt der Pendel das Resultat nicht, sollten Sie den Versuch zu einem späteren Zeitpunkt wiederholen oder das Pendeldiagramm „Ursachenforschung" zu Rate ziehen.

Vorgefertigte Pendeldiagramme

Die Mehrzahl der im Handel erhältlichen Pendeldiagramme sind Kreis- oder Halbkreisdiagramme. So genannte Liniendiagramme sind inzwischen weniger gebräuchlich. Form und Umfang eines Pendeldiagramms hängen davon ab, wie viele Antwortvarianten Ihnen zur Verfügung stehen sollen. Während Kreisdiagramme in bis zu vierzig Sektoren unterteilt sein können, stehen bei Halbkreisdiagrammen normalerweise maximal 20 Antwortvarianten zur Verfügung. Theoretisch könnte man beide Formate noch in kleinere Sektoren einteilen, doch für die Arbeit mit dem Pendel erschweren zu schmale bzw. zu eng nebeneinander liegende Felder ein genaues Ablesen des Ergebnisses. Apropos Fehlerquelle: Einsteiger sollten bedenken, dass es vor allem bei Kreisdiagrammen zu Verwechslungen kommen kann: So stiften die Links- und Rechts- bzw. Vor- und Rückwärtsbewegungen des Pendels nicht selten Verwirrung – auch dann, wenn das Pendeldiagramm nur in wenige Sektoren unterteilt ist. Mit etwas mehr Routine werden Sie feststellen, dass ein stärkerer Pendelzug in eine der beiden Richtungen erfolgt. Wenn Sie jedoch unsicher sind – und dies dürfte in der Anfangszeit häufiger der Fall sein –, dann können Sie durch Kontrollfragen klären, welche der beiden Antworten gemeint ist, zum Beispiel *Soll ich vermehrt Vitamin E zu mir nehmen?* und dann: *Soll ich vermehrt Vitamin* B_1 *zu mir nehmen?*

Oder Sie schreiben beide Möglichkeiten jeweils auf einen Extrazettel und befragen den Pendel, für welches Vitamin er sich entschieden hat.

Die Erfahrung hat jedoch gezeigt, dass Anfangsschwierigkeiten im Umgang mit Pendeldiagrammen – und speziell mit Kreisdiagrammen – in der Regel schnell überwunden sind, wenn man konsequent übt, sodass man schon nach ein paar Tagen ohne Probleme damit arbeiten kann.

Wie erstelle ich mein persönliches Pendeldiagramm?

Die meisten Radiästheten arbeiten mit selbst erstellten Pendeldiagrammen. Denn abgesehen davon, dass viele lieber Diagramme benutzen, die ihren eigenen Bedürfnissen entsprechen, reichen die vorgefertigten Pendeldiagramme häufig nicht aus, um ein bestimmtes Thema ausführlich zu behandeln.

Eigene Pendeldiagramme anzufertigen ist nicht schwer. Sie benötigen dafür neben Stift und Papier nur Lineal, Winkelmesser, Zirkel und eventuell einen Taschenrechner. Bevor Sie mit dem Zeichnen beginnen, sollten Sie sich jedoch eine Liste machen, auf der alle möglichen Antworten verzeichnet sind. Bei manchen Themen ist es ratsam, einen Sektor mit *Andere ...*, etwa *Andere Farbe* oder *Andere Ursachen* zu beschriften. Auf diese Weise sorgen Sie

dafür, dass der Pendel auch dann eine Antwort geben kann, wenn keine der bezeichneten Möglichkeiten zutrifft.
Überlegen Sie, ob es gegebenenfalls besser ist, die verschiedenen Antwortvarianten auf mehrere Diagramme aufzuteilen. Diese Vorgehensweise bietet sich immer dann an, wenn Ihr Thema oder Sachgebiet sich in verschiedene Kategorien unterteilen lässt – oder wenn der Pendel sich für den Sektor *Andere ...* entscheidet, was bedeutet, dass keine der momentan im Diagramm berücksichtigten Antwortmöglichkeiten die richtige ist.
Wie gesagt: Wählen Sie höchstens 20 Sektoren für ein Halbkreisdiagramm bzw. 40 für ein Kreisdiagramm. Nun zeichnen Sie einen Kreis oder Halbkreis und tragen die erforderliche Anzahl an Linien ein. Beachten Sie dabei, dass die Winkelabstände immer gleich sind. Diese errechnen Sie, indem Sie 360 bei Kreisen oder 180 bei Halbkreisen durch die Anzahl der Sektoren dividieren. Das Ergebnis gibt den Winkelabstand an, den Sie dann mit Hilfe des Winkelmessers eintragen. Anschließend werden die verschiedenen Antwortmöglichkeiten in die Sektoren eingetragen. Falls die Bezeichnungen zu viel Platz benötigen, können Sie die einzelnen Antworten auf Ihrer Liste auch mit Ziffern versehen und nur diese hineinschreiben. Zur besseren Übersicht ist es eventuell hilfreich, eine Legende anzulegen, die Sie unterhalb des Diagramms platzieren.
Wenn Sie einen Computer besitzen, lohnt sich sicherlich die Anschaffung eines der vielen Pendeldiagramm- oder Grafikprogramme, die im Handel erhältlich sind. Mit deren Hilfe können Sie innerhalb weniger Minuten exakte, zweckmäßige Diagramme sowie ausführliche Legenden erstellen.

Eigenes Pendeldiagramm

Thema ____________________

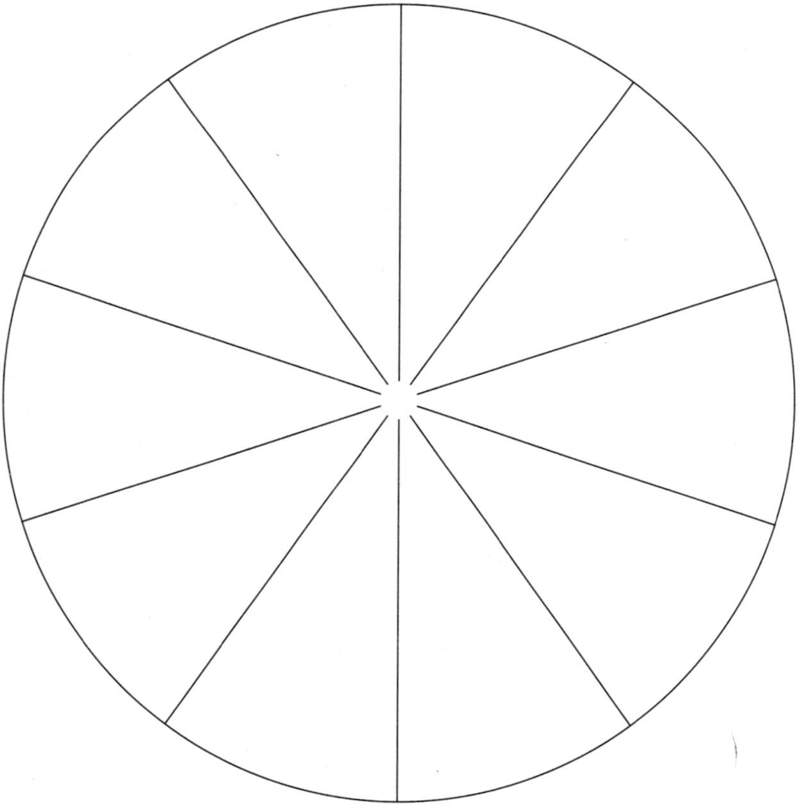

Halbkreisdiagramm mit 20 Sektoren

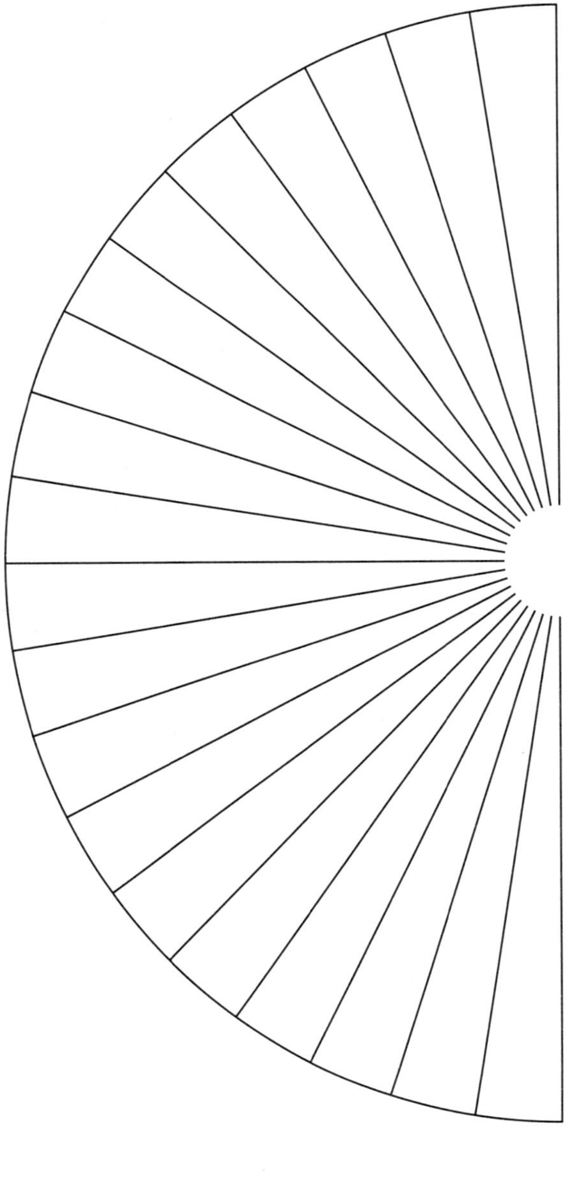

Fehlerquellen auf der Spur

Misserfolge bei der Pendelarbeit können unterschiedliche Ursachen haben. Mit Hilfe des Pendeldiagramms „Ursachenforschung“ können Sie herausfinden, woran es liegt, dass Ihr Pendel eine falsche Antwort gegeben oder sie komplett verweigert hat. Sind Sie vielleicht müde oder unkonzentriert? Haben Sie Ihr Pendel vor der Befragung nur ungenügend oder gar nicht gereinigt? Oder ist die Frage ungenau gestellt worden? Legen Sie Ihrem Pendel das Pendeldiagramm „Ursachenforschung“ vor und befragen Sie ihn, welche tieferen Gründe ihn daran hindern, exakt Auskunft zu geben.

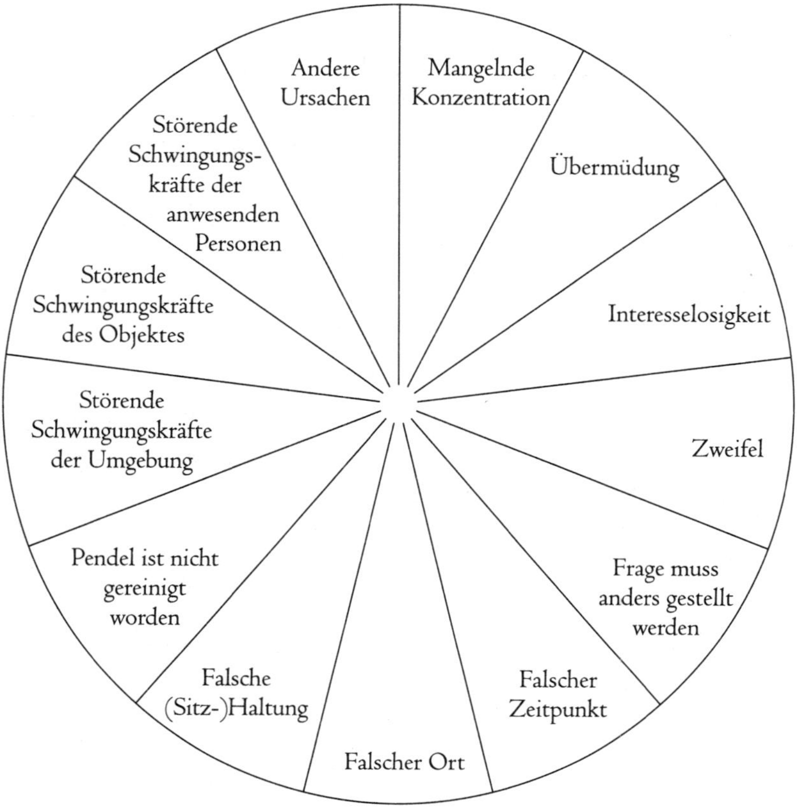

Pendeln über verschiedenen Objekten

Nicht nur alle lebendigen Wesen, auch sämtliche „toten" Gegenstände befinden sich in permanenter Schwingung. Ebenso wie sie Schwingungen aussenden, nehmen sie Energieströme von anderen Wesenheiten und Dingen auf, gleich ob diese organischer oder anorganischer Natur sind. Schon allein deshalb spricht nichts dagegen, auch Gegenstände auszupendeln. Die Dinge, mit denen wir uns umgeben (Möbel, technische Geräte, lieb gewordene Andenken und vieles Andere) oder die wir am Körper tragen (Kleidung, Schmuck, Brillen usw.), nehmen unsere Eigenschaften, unser Denken und Fühlen, kurzum unsere gesamte Persönlichkeit in Form der Schwingungen auf, die wir aussenden. Deshalb ist es auch möglich, mit Hilfe eines Pendels einen mit uns in Zusammenhang stehenden Gegenstand über uns selbst zu befragen. Dabei ist es einerlei, ob es sich etwa um eine Landkarte, eine Fotografie oder ein Kleidungsstück handelt. So wie Gegenstände etwas über den Menschen aussagen können, dem sie gehören, so ist natürlich erst recht der Körper einer Person in der Lage, auf der Schwingungsebene etwas über sie mitzuteilen, und zwar sowohl über ihre physische Befindlichkeit als auch über ihren psychischen Zustand.
Anhand der folgenden Beispiele möchte ich Ihnen zeigen, wie das Objektpendeln funktioniert.

Pendeln am Körper

Wenn es um den Gesundheitszustand eines Menschen geht, ist der Pendel ein geradezu ideales Hilfsinstrument, wie wir im Kapitel „Medizinisches Pendeln" noch sehen werden. Hier sei zunächst nur kurz darauf hingewiesen, dass Pendeln direkt am Körper eine wertvolle Methode zur medizinischen Diagnose ist, die von Heilpraktikern, aber auch von aufgeschlossenen Schulmedizinern angewandt wird.
Um selbst Erfahrungen in dieser Art der Pendelarbeit zu sammeln, möchte ich Ihnen einige Anregungen geben. Betrachten Sie jedoch diese Pendelexperimente mehr von der spielerischen Seite, denn medizinisches Pendeln am Körper sollten Sie sicherheitshalber doch lieber versierten Radiästheten überlassen, die im medizinischen Bereich über einen fundierten Erfahrungsschatz verfügen.

Versuchen Sie zunächst einmal, Heilmassage und Pendeln miteinander zu verbinden. Sie bitten zunächst den Menschen, der sich von Ihnen massieren lassen möchte, Schmuckgegenstände, Armband- bzw. Taschenuhr sowie Brille abzulegen, da von diesen Gegenständen störende Schwingungen ausgehen können. Dann befragen Sie Ihren Pendel, indem Sie ihn über dem (am besten liegenden, weil auf diese Weise entspannten) „Patienten" schwingen lassen, ob Sie ihn beispielsweise an den Schultern massieren sollen. Beantwortet der Pendel diese Frage mit *Ja,* fragen Sie ihn nun nach Stärke, Dauer und Richtung der Massage. Achten Sie bei der Fragestellung unbedingt darauf, dass der Pendel mit *Ja* oder *Nein* antworten kann, zum Beispiel: *Soll ich kräftig massieren?* Wenn Sie vorhaben, die Schultermassage abzuschließen, fragen Sie den Pendel, ob Sie Ihre Arbeit beenden sollen oder nicht. Falls er Sie zur Fortsetzung der Massage auffordert, bitten Sie ihn um Auskunft, welcher Körperregion Sie sich als Nächstes zuwenden sollen. Da Sie vermutlich im Massieren kein Profi sind, sollten Sie grundsätzlich eher behutsam vorgehen, um der behandelten Person keine Schmerzen zuzufügen oder gar Muskelzerrungen hervorzurufen.
Nach Beendigung der Massage vergessen Sie bitte nicht, Ihren Pendel unter kaltem, fließendem Wasser von Schwingungen zu reinigen.
Andere Möglichkeiten für die Pendelarbeit am Körper ergeben sich aus der Tatsache, dass der Energiezustand des Organismus – von einigen Bereichen wie beispielsweise dem Blutkeislauf abgesehen – durch Pendeln ziemlich leicht zu erfassen ist. Ich werde darauf im Kapitel „Medizinisches Pendeln" noch genauer zu sprechen kommen.
Um ein Gefühl für die unterschiedlichen „Körperschwingungen" zu bekommen, können Sie auch folgendes Experiment machen. Voraussetzung ist, dass Sie ab und zu Muskelkater haben, ein Zustand, bei dem sich nach starker Beanspruchung Milchsäure in den Muskelfasern ansammelt, was dann mehr oder weniger heftige Schmerzen verursacht. Wenn Sie Ihre Muskeln also zufällig gerade überanstrengt haben, halten Sie Ihr Pendel über die betroffenen Körperpartien. Fragen Sie: *Wie viel Schwingungsenergie hat dieser Muskel?* und notieren Sie sich anschließend, wie der Pendel reagiert hat. Wenn der Muskelkater überstanden ist, wiederholen Sie den Vorgang. Hat der Pendel unterschiedlich ausgeschlagen? Stärker oder schwächer? Es könnte sein, dass die Pendelreaktionen über den „verkaterten" Muskeln stärker

ausgefallen sind: Er hat dann auf die Anwesenheit der Milchsäure angesprochen.

Pendeln über einer Fotografie

Mit Hilfe des Pendels können Sie auch eine Fotografie „sprechen lassen". Der Pendel wird Ihnen Informationen über die jeweilige Person geben, die auf ihr abgebildet ist.

Schon Friedrich Kallenberg vertritt in seinem Werk „Offenbarungen des siderischen Pendels" (München, 1913) die Auffassung, dass die fotografische Platte bzw. das Positiv die Wesenheit des abgebildeten Individuums in sich aufbewahrt und zwar in Bezug auf das Geschlecht, die gesundheitliche Verfassung, das Temperament und den Gemütszustand zum Zeitpunkt der Aufnahme. Eine Fotografie – ebenso wie Dinge, die ein Mensch berührt – wird laut Kallenberg von den Schwingungen des abgebildeten Individuums sozusagen imprägniert. Dadurch erklärt sich auch das Phänomen, warum Schwingungen, die vom Foto ausgehen und die der Pendel sichtbar macht, mit denen des Menschen, die es zeigt, völlig identisch sind. So weit zur Theorie – nun zur Praxis.

Der bereits erwähnte tschechische Radiästhet Milan Tabor unternahm seinerzeit ein Pendelexperiment, das viel Aufsehen erregte. Er forderte eine junge Dame auf, in seiner Abwesenheit eine Fotografie auf seinen Schreibtisch zu legen und ein Stück schwarzen Stoffs darüber zu breiten, sodass Tabor, als er den Raum betrat, das Foto nicht sehen konnte. Tabor nahm vor dem Tisch Platz und ließ den Pendel über dem Tuch schwingen, wobei er sich ganz auf den Pendel konzentrierte und dessen Spitze nicht aus den Augen ließ. Jetzt begann Tabor, ihn um Auskunft zu bitten. *Zeigt das Foto einen Mann?* fragte er, worauf der Pendel mit Ja antwortete, indem er einen Rechtskreis beschrieb. *Besitzt dieser Mann einen ausgesprochen hohen Intelligenzquotienten?* Der Pendel bejahte wiederum. Nun wollte Milan Tabor wissen, ob die Begabung der abgebildeten Person auf künstlerischem Gebiet läge. Der Pendel antwortete mit *Nein,* bejahte jedoch die Frage nach genialer naturwissenschaftlicher Veranlagung. Insgesamt nahm die Befragung des Pendels durch den Radiästheten etwa zehn Minuten in Anspruch. Nach seiner letzten Frage, ob der Mann, der auf dem Foto zu sehen sei, in den zwanziger Jahren den Nobelpreis erhalten habe, die von dem Pendel erneut mit *Ja* beantwortet wurde, stand Milan Tabor auf und sagte: *Kein Zweifel: Es handelt sich um eine Fotografie von Albert Einstein.* Die junge Frau entfernte das Tuch, worauf sich die Beobachter des Experiments davon überzeugen konnten, dass es tatsächlich den Begründer der Relativitätstheorie zeigte.

Im Verlauf meiner Arbeit mit dem Pendel konnte ich immer wieder feststellen, dass Fotografien, aber auch Handschriften spezifische Schwingungen gespeichert haben, die nur für diese eine Person charakteristisch sind, von der sie stammen. Der Pendel kann diese Energieströme erfassen.

Grundsätzlich gilt: Jeder Pendler, der unter Zuhilfenahme eines Fotos zu Informationen über eine Person gelangen möchte, erhält ganz individuelle Pendelbilder. Wenn Sie Pendelversuche über Fotografien oder sonstigen Abbildungen von Menschen (Zeichnungen, Gemälde etc.) durchführen möchten, werden Sie feststellen, dass Sie mit zunehmender Übung immer mehr Einzelheiten über das dargestellte Individuum in Erfahrung bringen können. Zugleich stellt die Pendelarbeit mit einer Fotografie auch eine hervorragende Übung dar, ein tieferes Verständnis für die Bedeutung der einzelnen Pendelzeichen zu entwickeln. Dabei sollten Sie jedoch immer beachten, dass Sie moralisch nur dann dazu berechtigt sind, eine Fotografie über die auf ihr abgebildete Person zu befragen, wenn Sie deren Einverständnis haben – zumal, wenn es sich um persönliche, intime Fragen handelt. Das Pendeln über Fotografien sollte niemals aus reiner Neugierde ausgeübt werden. Nicht zuletzt im Sinne des spirituellen Wachstums ist jedem Pendler zu empfehlen, hierbei mit größter Integrität, Ehrlichkeit und Gewissenhaftigkeit vorzugehen.

Versuchen Sie sich nun als „Foto-Pendler", indem Sie auf ähnliche Weise experimentieren wie Milan Tabor. Bitten Sie jemanden, ein Foto einer Ihnen bekannten oder nahe stehenden Person auf den Tisch zu legen und anschließend zu verdecken. Dann befragen Sie Ihren Pendel nach Eigenschaften des Fotografierten, die dessen Intimsphäre nicht berühren. Stellen Sie Ja-/Nein-Fragen, um rein körperliche Merkmale (Geschlecht, Größe, Haarfarbe, Farbe der Augen, Form der Nase, der Lippen usw.) in Erfahrung zu bringen. Nachdem Sie die Befragung durch den Pendel abgeschlossen haben, überprüfen Sie Ihr Ergebnis anhand der Fotografie.

Anwendungsbereiche

Der Pendel als Orakel

Der Wunsch, in die Zukunft zu blicken, hat auf die Menschheit von jeher eine außerordentliche Faszination ausgeübt. Doch erst in diesem Jahrhundert machte man sich daran, Phänomene der Gedankenübertragung und der Vorhersage zukünftiger Ereignisse wissenschaftlich zu erforschen. Die Parapsychologie, die es sich zur Aufgabe gemacht hat, diesen ungeklärten Erscheinungen auf die Spur zu kommen, bezeichnet die Fähigkeit zum „Hellsehen" als „Präkognition" oder „Vorherwissen".

Wenn Sie selbst einmal mit Hilfe Ihres Pendels einen Blick in die Zukunft werfen möchten, sollten Sie grundsätzlich Folgendes beachten: Es ist ungleich schwieriger, mit dem Pendel Fragen nach Zukünftigem zu beantworten, als solche, die sich auf Fakten der Gegenwart oder Vergangenheit beziehen. Nur Radiästheten mit jahrelanger Erfahrung auf dem Gebiet des Zukunftspendelns können es sich wohl erlauben, ihre Aussagen über künftiges Geschehen als realistisch einzustufen. Mit anderen Worten: Hüten Sie sich davor, Ihr Handeln ganz auf die Pendelantworten abzustimmen, denn die Gefahr, sich von möglicherweise falschen Ergebnissen fehlleiten zu lassen, ist groß.

Darüber hinaus sollten Sie vermeiden, das Ergebnis der Pendelbefragung zu erzwingen; ohne Geduld, Übung und vor allem geistige Offenheit für allerfeinste Schwingungen wird jeder Versuch, den Pendel als Orakel zu befragen, mit hoher Wahrscheinlichkeit fehlschlagen.

Bevor Sie mit Ihren hellseherischen Experimenten beginnen, fragen Sie Ihren Pendel, ob jetzt auch wirklich der richtige Zeitpunkt dafür ist, verlässliche Antworten zu erhalten. Wird dies verneint, dann sollten Sie den Pendelversuch konsequent auf einen späteren Termin verschieben.

Eine weitere wichtige Überlegung geht davon aus, dass es nicht immer von Vorteil ist, über bestimmte Ereignisse bereits informiert zu sein, ehe sie überhaupt stattgefunden haben. Hierbei ist es unerlässlich, dem Pendel folgende Frage zu stellen: *Könnte ich mit einer die Zukunft betreffende Frage anderen oder mir selbst seelischen Schaden zufügen?*

Nur in dem Fall, dass der Pendel bei der Frage nach dem richtigen Zeitpunkt mit *Ja* und in Bezug auf mögliche Gefahren für den Seelenfrieden mit *Nein* antwortet, können Sie die Befragung bedenkenlos fortsetzen. Nun gehen Sie am besten wie folgt vor: Nehmen wir an, Sie möchten wissen, ob Sie am letzten Tag dieses Monats Besuch von einer Ihnen nahe stehenden Person (ich nenne sie „Hans") bekommen. Dann ist es empfehlenswert, sich gedanklich allmählich diesem Datum zu nähern, indem sie sich vorstellen, wie ein Tag nach dem anderen vergeht. Lassen Sie sich Zeit bei dieser gedanklichen Reise in die Zukunft! Wenn Sie in Gedanken an diesem Tag angekommen sind, stellen Sie die entscheidende Frage: *Kommt Hans heute?* Dieses langsame Sich-Herantasten an den „Tag X" ist keine bloße Spielerei, sondern dient dazu, die Voraussage verlässlicher zu machen.
Im Übrigen gilt auch für das Zukunftspendeln: Lassen Sie sich die Antwort immer durch eine Ja-/Nein-Frage bestätigen. In unserem Fall fragen Sie beispielsweise: *Trifft es tatsächlich zu, dass Hans am 31. dieses Monats kommt?*
Manche Radiästheten schreiben Ihre Frage auch auf einen Zettel und lassen den Pendel darüber schwingen. Auf diese Weise haben Sie eine zuverlässige Erfolgskontrolle, zumal Sie Ihre Prognosen auch noch nach Jahren genau kontrollieren können. Bevor Sie Ihre Antwort notieren, sollten Sie sich auch hier durch gezielte Fragen vergewissern, ob das Ergebnis auch wirklich stimmt.
Sie können aber auch noch auf eine andere Weise Ihre hellseherischen Fähigkeiten trainieren, indem Sie sich zum Beispiel als „Fußball-Prophet" versuchen. Angenommen, nächsten Samstag findet ein Bundesliga-Spiel zwischen Bayern München und Borussia Dortmund statt. Bestimmen Sie zuerst, ob es einen Gewinner gibt oder ob das Spiel unentschieden endet. Siegt eine der beiden Mannschaften, dann fragen Sie (wieder mit einer Ja-/Nein-Frage) danach, welcher Verein siegt. Sie können nun in Ihrer Befragung fortfahren, wie es Ihnen am meisten Spaß macht: Vermutlich werden Sie den Pendel nach dem Spielergebnis fragen, nach den Torschützen, vielleicht auch nach der Anzahl der Torchancen. Ihrer Fantasie sind dabei keinerlei Grenzen gesetzt!
Oder Sie versuchen sich als Meteorologe: Fragen Sie Ihren Pendel, wie das Wetter des morgigen Tages wird: Wird an diesem Ort morgen die Sonne scheinen? Verneint der Pendel, fragen Sie weiter nach Regen, Wind, Be-

wölkung usw. – bis Sie das Wetter ermittelt haben. Später können Sie natürlich die Zeitspanne erweitern: Versuchen Sie, das Wetter am übernächsten Tag, in drei Tagen, in einer Woche und so fort auszupendeln. Um das Ergebnis kontrollieren zu können, empfiehlt es sich, die Antworten zu notieren. Auf dem Zettel sollte das Tagesdatum der Pendelbefragung, das Datum des Tages, dessen Wetter Sie vorausgesagt haben, sowie eine Beschreibung der Einzelheiten (sonnig, windig, stürmisch etc.) festgehalten sein. Nochmals: Vergessen Sie nie, sich die Antworten des Pendels durch eine Kontrollfrage bestätigen zu lassen: *Ist dieses Ergebnis auch wirklich richtig?*
Es versteht sich wohl von selbst, dass die Pendelarbeit mit Zukünftigem eher spielerisch verstanden werden sollte. Machen Sie sich also in Ihrem Handeln nicht von den Ergebnissen, die sich auf die Zukunft beziehen, abhängig! Denn die Wahrscheinlichkeit, dass Sie tatsächlich verlässliche Aussagen über zukünftige Ereignisse erhalten, beläuft sich auf etwa fünfzig Prozent.

Psychologisches Pendeln

Wer von uns hat nicht schon einmal den Wunsch verspürt, in einen anderen Menschen hineinsehen zu können, um zu erfassen, was in ihm vorgeht, was er eigentlich für ein Mensch ist? Was einen Menschen nun gerade zu *dem* Menschen macht, der er ist, beschäftigt die Charakteranalyse, eine Disziplin, die so alt ist wie die Menschheit selbst, wenn sie ihr auch unzählige verschiedene Namen gegeben hat. Vielleicht haben Sie bereits einen Charaktertest durchführen lassen, um Ihre Talente, Stärken und auch Schwächen herauszufinden. Wenn ja, dann haben Sie möglicherweise die Erfahrung gemacht, dass solche Tests häufig nicht nur teuer und zeitintensiv, sondern zuweilen auch unangenehm sind. Die Teilnahme an einem solchen Verfahren kann man sich sparen, denn da sich jede Charaktereigenschaft in ganz bestimmten Schwingungsmustern äußert, können Sie sich mit Hilfe des Pendels in Selbsterfahrung üben oder den Charakter eines anderen Menschen ohne fremde Unterstützung analysieren.
Dafür halten Sie Ihren Pendel über jede Eigenschaft, die in nachfolgender Tabelle „Charaktermerkmale" aufgelistet ist. Fragen Sie beispielsweise, ob

eine Person aufbrausend ist. Antwortet der Pendel mit Ja, können Sie die Intensität dieser Eigenschaft mit Hilfe einer Skala von 1 (= sehr schwach) bis 10 (= sehr stark) ermitteln, indem Sie den Pendel zuerst über der Ziffer 10 schwingen lassen, dann, im Falle einer negativen Antwort auf die nächste Stufe der Skala gehen und so fort. Diese Skala können Sie übrigens ganz einfach auf ein Blatt Papier zeichnen. Lassen Sie jedoch zwischen den einzelnen Ziffern ausreichend Platz.

Charaktermerkmale

empfindsam	melancholisch	körperbewusst
entscheidungsfreudig	aufbrausend	intellektuell
furchtsam	phlegmatisch	philosophisch begabt
kontaktfreudig	flexibel	spirituell begabt
schüchtern	ausdauernd	musisch
humorvoll	zwanghaft	

Wenn Sie den Pendel auf eine Eigenschaft hin befragen möchten, die nicht in der Tabelle berücksichtigt ist, fügen Sie diese einfach hinzu.
Beachten Sie bitte: Bevor Sie den Pendel um Auskunft ersuchen, machen Sie sich zunächst einmal klar, was genau Sie unter den einzelnen Charaktereigenschaften verstehen.
Auf dem Gebiet der Psychologie hat sich der Pendel nicht nur bei der Charakteranalyse bewährt; er ist auch ein geeignetes Mittel, um energetische Blockaden aufzuspüren und aufzulösen. Da diese Blockaden in unserem Unterbewusstsein liegen, müssen wir versuchen, in jene verborgenen Regionen unseres Ichs vorzudringen – und bei dieser Reise in die Tiefen unserer Persönlichkeit wird uns der Pendel gute Hilfe leisten.

Was hat man sich unter dem Unterbewussten genau vorzustellen? Am besten stellt man es sich vor als eine Art Speicher, der verschiedenste Informationen (Erinnerungen, Gedanken, Empfindungen) aufbewahrt. Diesen Speicher suchen wir zuweilen – etwa in unseren Träumen – auf, wobei die Gegenstände, Objekte und Personen, die er uns zeigt, nicht immer angenehm sind, sondern zuweilen Unbehagen oder Angst auslösen können. Dann verleugnen bzw. „vergessen" wir gern die Existenz des Speichers, so weit es uns möglich ist, mit anderen Worten: Wir verdrängen bestimmte Informationen. Falls sich nun eine einmal gemachte negative Erfahrung immer wieder zu bestätigen scheint und sich tief in unsere Seele „eingräbt", errichtet das Unterbewusste innere Schutzwälle dagegen – eben jene unterbewussten, energetischen Blockaden, die hier von Bedeutung sind. Diese Blockaden sind nichts Anderes als gebündelte Schwingungen, konzentrierte Lebenskraft, die den natürlichen Energiefluss im jeweiligen Lebensbereich (Partnerschaft, Berufsleben, weltanschauliche Überzeugungen etc.) verhindern. Ein sehr wichtiger Lebensbereich, der bei vielen Menschen blockiert ist, ist das Selbstbild; bei Problemen mit der eigenen Persönlichkeit spricht die klassische Psychologie von „narzisstischer Störung" oder „narzisstischer Kränkung". Eine derartige Störung kann sich etwa in der Weise auswirken, dass sich der Betroffene minderwertig, unfähig, unsicher, moralisch schlecht oder sogar hassenswert fühlt; im Extremfall können solche negativen Selbstbilder zu psychosomatischen Krankheiten bis hin zum Selbstmordversuch oder der tatsächlichen Selbsttötung führen. Ein Mensch, dessen Selbstbild derart negativ verzerrt ist, wird nur schwerlich erfahren können, dass sich Menschen oder Ereignisse positiv auf ihn auswirken – meist wird er seine Umwelt als feindlich empfinden.

In diesem Fall, aber auch bei Stressbelastungen und Alltagsproblemen, die sich negativ auf unseren Seelenfrieden auswirken, kann der Pendel helfen, unterbewusste Blockaden aufzuspüren. So können Sie mit Ihrem Pendel beispielsweise herausfinden, in welchen Lebensbereichen Sie Blockaden mit sich herumtragen. Praktisch funktioniert das folgendermaßen: Sie halten den Pendel über jeden Abschnitt des Pendeldiagramms „Lebensbereiche" und fragen: *Bin ich in dem Bereich ... energetisch blockiert?* Erhalten Sie die Antwort *Ja,* dann klären Sie die Stärke dieser Blockade wieder mit Hilfe der bereits erwähnten Skala.

Pendeldiagramm Lebensbereiche

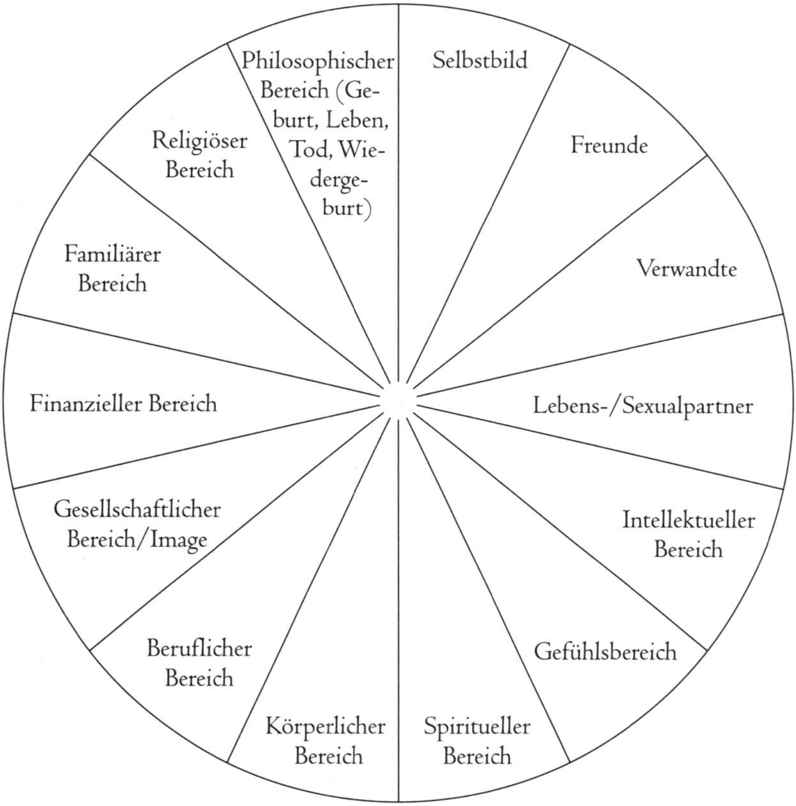

Nun gut. Jetzt weiß ich zwar, wo mein Energiefluss blockiert ist, denken Sie jetzt möglicherweise, *aber wie kann ich das ändern?*

Ich möchte Ihnen zwei höchst einfache, jedoch sehr hilfreiche Methoden zur Auflösung energetischer Blockaden an die Hand geben:

1. Nehmen Sie einige Blätter Papier und einen Stift, setzen Sie sich hin, schließen Sie für einige Minuten die Augen und entspannen Sie sich. Versuchen Sie, Ihren Sorgen und Ängsten gelassen gegenüberzutreten. Jetzt notieren Sie alles zu dem für Sie problematischen Lebensbereich *wirklich alles,* was Ihnen dazu einfällt. Zensieren Sie sich nicht selbst! Schreiben Sie rasch,

lassen Sie dabei Ihren Gefühlen völlig freien Lauf ... Sind Sie mit dem Schreiben fertig, dann werfen Sie die beschriebenen Blätter ungelesen weg. Wenn Sie Lust dazu haben, zerknüllen oder zerreißen Sie sie vorher.
2. Begeben Sie sich an einen Ort, an dem Sie ungestört sind. Setzen oder legen Sie sich bequem hin. Lassen Sie Ihr Leben, so weit es den problematischen Bereich betrifft, möglichst gleichmütig an sich vorüberziehen, reagieren Sie nicht auf die Bilder, die vor Ihrem geistigen Auge erscheinen. Sie sind wie ein Kinobesucher, der die Personen und Geschehnisse eines Films registriert, ohne sich damit zu identifizieren.
Bewusst verzichte ich darauf, zu erklären, weshalb Sie diese Übungen so und nicht anders praktizieren sollten: Es geht ja darum, dass Sie Ihre eigenen Erfahrungen damit machen; theoretische Erörterungen könnten Sie bei Ihren vielleicht intensiven und erhellenden Erlebnissen nur stören.

Pendeln und Gesundheit

Gesundheit erflehen die Menschen von den Göttern. Dass es aber in ihrer eigenen Hand liegt, sie zu bewahren, daran denken sie nicht, schrieb der Begründer der klassischen Medizin, der griechische Arzt Hippokrates (460–370 v. Chr.). Da wir Menschen eine untrennbare Einheit von Seele-Geist-Körper bilden, sind wir dann gesund, wenn wir uns in einem Zustand inneren Gleichgewichts befinden und unsere Lebenskraft ohne Behinderungen frei schwingen kann. Wenn wir jedoch dieses Gleichgewicht verlieren, wird der Energiefluss in unserem Organismus gestört. Die Folge davon ist, dass unser Immunsystem sich nicht mehr erfolgreich gegen Krankheitserreger zur Wehr setzen kann: Wir werden krank. Insbesondere in der psychosomatisch ausgerichteten Medizin vertreten die Ärzte zunehmend die Auffassung, dass ein hoher Prozentsatz von Krankheiten seelische Ursachen hat, mit anderen Worten, die seelischen Schwingungen des kranken Menschen fehlgeleitet sind. Und genau dies kann der Pendel feststellen, da er oft schon lange vor dem Ausbruch einer Krankheit die dafür verantwortliche Schwingungsstörung ausmachen kann. Wenn Sie mit Hilfe des Pendels etwas über den Gesundheitszustand eines anderen Menschen erfahren möchten, müssen Sie nicht unbedingt medizinische Vorkenntnisse mitbringen. Wenn jedoch ernsthaf-

te gesundheitliche Probleme zu befürchten sind, ist unbedingt ein Arzt heranzuziehen.
Die Vorteile des medizinischen Pendelns liegen auf der Hand: Es wird keinerlei körperlicher Eingriff vorgenommen, das Verfahren ist Zeit und Kosten sparend, ja der Kranke muss bei der Untersuchung nicht einmal selbst zugegen sein. Und schließlich: Auch ohne diagnostizierte Symptome ist eine Erkrankung schon in ihrem frühesten Entwicklungsstadium mit dem Pendel erkennbar, da er in Bezug auf energetische Schwingungen praktisch jede Art von Veränderung erfasst.
Der Pendler kann die Diagnose mittels verschiedener Verfahrensweisen erstellen, wovon zwei besonders verbreitet sind:
1. Direktes Pendeln über bzw. am Körper des Patienten
2. Pendeln über einzelnen Körperteilen und -organen, während man Ja-/Nein-Fragen zum Wohlbefinden stellt

Bei der ersten Verfahrensweise sind allgemeine Aussagen nicht möglich, da die jeweiligen Pendelschwingungen individuell sehr abweichend sein können. Im einen Fall kann der Pendel bei einem Problem Linkskreise oder Ellipsen beschreiben, in einem anderen Fall hingegen vielleicht völlig still stehen. Möchten Sie diese Diagnoseform testen, so müssen Sie sich erst Ihr eigenes Interpretationssystem erarbeiten und genau festlegen, welche Pendelbewegungen mit welchen Aussagen gleichzusetzen sind.
Rasche Ergebnisse lassen sich bei dem zweiten Diagnoseverfahren erzielen; besonders sensible Pendler sind zuweilen in der Lage, sogleich an einem Körperteil oder einem inneren Organ des Patienten Schwingungsstörungen und/oder Schmerzen auszumachen und selbst zu spüren. Dies erklärt sich dadurch, dass sich die negative Energieschwingung der entsprechenden Körperregion oder des betreffenden Organs auf den Pendler überträgt. Sollte Ihnen als Pendler etwas Derartiges widerfahren, brauchen Sie sich keineswegs unbehaglich zu fühlen. Um sich dieses „fremden" Energiestroms wieder zu entledigen, müssen Sie ihn nur ganz bewusst zum Beispiel über Ihre Beine und Füße in den Boden ableiten. Stellen Sie sich dafür bildhaft vor, wie die Energie vielleicht in Form einer zähen, farbigen oder durchsichtigen Flüssigkeit langsam nach unten fließt – und wie Sie sie dann langsam, über Füße und Zehen hinaus, direkt an den Boden abgeben.

Um eine Diagnose zu erstellen – gleichgültig, ob für einen anderen Menschen oder sich selbst –, erforschen Sie zunächst, auf welcher Ebene sich eine Störung befindet (verwenden Sie zu diesem Zweck Ja-/Nein-Fragen). Dabei kann die negative Schwingung folgender Natur sein:

1. Körperlich
2. Spirituell
3. Gedanklich
4. Emotional

Die Ursachen, die eine Krankheit auslösen, können sehr vielfältig sein. Dabei werden vor allem krank machende Störungen auf der emotionalen Ebene immer noch häufig vernachlässigt – man denke nur an die verschiedenen psychosomatischen Erkrankungen, bei denen die Betroffenen unter teilweise starken körperlichen Beschwerden leiden, ohne dass für sie fassbare organische Ursachen gefunden werden könnten. Dies macht deutlich, dass für die Existenz von Krankheiten nicht nur organische, sondern auch psychische Faktoren verantwortlich gemacht werden müssen.
Mit Hilfe des Pendels sind Sie in der Lage, psychische Belastungen wie Stress, seelische Konflikte, berufliche oder familiäre Probleme als mögliche Krankheitsursache auszumachen. Fragen wie *Sind meine familiären Probleme der Grund für meine Erkrankung?* können hierbei zu wichtigen Erkenntnissen führen.
Hat Ihr Pendel Sie dagegen eindeutig auf die körperliche Krankheitsebene verwiesen, gilt es, den Ort der Erkrankung durch gezieltes Fragen immer weiter einzugrenzen, bis er schließlich gefunden ist: *Liegt eine organische Erkrankung vor? Sind alle Organe des Verdauungssystems/der Atemwege/des Herz-Kreislaufsystems gesund?* Und so fort, bis der Pendel mit *Nein* antwortet. Wenn das erkrankte Organ gefunden ist, kann mit der gleichen Methode die genaue Art der Erkrankung erfragt werden.
In diesem Stadium setzt medizinisches Pendeln allerdings genaue medizinische Kenntnisse voraus. Schon allein, um die richtigen Fragen zu stellen, muss der Fragesteller über ein fundiertes Fachwissen verfügen.
Ein weiterer wichtiger Aspekt des medizinischen Pendelns ist, die richtige Therapieform bzw. das adäquate Heilmittel herauszufinden. Befragen Sie den Pendel also nach der angemessenen Therapie, die rein medizinisch,

ganzheitlich bzw. naturheilkundlich/homöopathisch sein kann. Selbstverständlich kann auch eine Kombination der verschiedenen Behandlungsformen sinnvoll sein. Folgendes Pendeldiagramm kann Ihnen dabei helfen, die für eine bestimmte Erkrankung beste Heilmethode zu finden:

Pendeldiagramm Heilmethoden

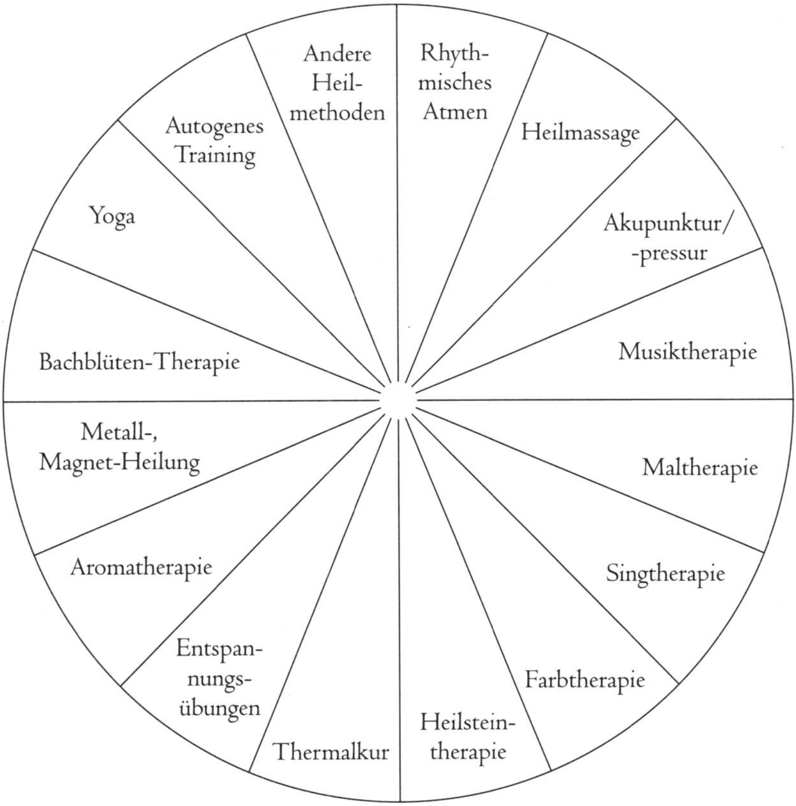

Wie ich im Kapitel „Kombination der Methoden" zeigen werde, lassen sich Pendeln und alternative bzw. naturheilkundlich orientierte Therapien auf geradezu ideale Weise verbinden. Doch sollte man auf keinen Fall der zuweilen in der Pendelliteratur anzutreffenden Auffassung Glauben schenken, dass für einen erfahrenen Pendler jeglicher ärztlicher Beistand überflüssig sei. Vielmehr wäre es wünschenswert, dass sich Heil-Pendler und Ärzte als Kollegen begreifen, die ihre spezifischen Fähigkeiten in den Dienst des Patienten stellen.

Pendeln und Ernährung

Laut einer Veröffentlichung des Bundesgesundheitsamtes verursachen durch falsche Ernährung hervorgerufene Krankheiten in Deutschland jährlich Kosten von über 100 Millionen Mark. Und dennoch versäumten es einige Ärzte nach wie vor, ihre Patienten auf die engen Wechselwirkungen von Ernährung und Gesundheit hinzuweisen, klagt die Behörde.
Um sich gesund zu ernähren und so Erkrankungen vorzubeugen, können Sie Ihren Pendel wie folgt einsetzen: Halten Sie ihn einfach über Getränke, Nahrungsmittel oder fertig zubereitete Speisen. Je nachdem, ob Ihnen der Pendel nun eine positive oder negative Antwort gibt, wissen Sie, ob die Kost für Sie gut verträglich ist oder nicht. Sie befragen den Pendel dabei durch das Ihnen schon vertraute Ja-/Nein-Verfahren. Sollte er mit Nein antworten, gilt es, mit gezielten Fragen herauszufinden, weshalb er das Essen oder das Getränk ablehnt. Der Grund dafür könnte beispielsweise sein, dass die Portion bzw. die Flüssigkeitsmenge zu groß, die Speise verkocht, unbekömmlich gewürzt oder schlichtweg verdorben ist. Wenn Sie derartige Fragen an Ihren Pendel richten, werden Sie mit der Zeit eine Menge wertvoller Informationen über eine für Sie gesunde Ernährungsweise erhalten. Ich betone: *für Sie*, denn was für die Gesundheit des einen Menschen zuträglich ist, ist für einen anderen möglicherweise sogar schädlich. Ganz allgemein lässt sich jedoch sagen, dass man es grundsätzlich vermeiden sollte, durch chemische Zutaten belastete Speisen zu sich zu nehmen, da sich darin für den Organismus oft schädliche Konservierungs- und Farbstoffe, Hormone, Schädlingsbekämpfungsmittel usw. befinden. Es ist in jedem Fall ratsam, nach Möglichkeit natürliche und biologisch vollwertige Kost zu sich zu nehmen – sei sie pflanzlicher oder tierischer Herkunft.

Vitamine, Mineralstoffe und Spurenelemente sind lebensnotwendig

Obwohl der menschliche Organismus Vitamine, Mineralstoffe und Spurenelemente nur in sehr geringen Mengen benötigt, sind sie für die einzelnen Stoffwechselprozesse von lebenswichtiger Bedeutung. Allerdings sind wir – im Gegensatz zu anderen Lebewesen – nicht in der Lage, diese so wichtigen Biostoffe selbst herzustellen, sondern müssen dafür sorgen, dass wir sie uns über unsere Ernährung zuführen. Deshalb ist es enorm wichtig, auf eine ballast- und nährstoffreiche Kost zu achten. Nur wer sich gesund ernährt, schützt sich vor einer Schwächung des Immunsystems, vor akuten und chronischen Erkrankungen, ja sogar vor dem vorzeitigen Alterungsprozess.

Leiden auch Sie unter Vitamin- oder Mineralstoffmangel? Dies können Sie mit Hilfe der Pendeldiagramme „Die wichtigsten Vitamine" und „Lebenswichtige Mineralstoffe und Spurenelemente" herausfinden. Gehen Sie dabei wie folgt vor: Pendeln Sie die jeweiligen Diagramme aus und ermitteln Sie die einzelnen Biostoffe, an denen es Ihrem Organismus fehlt, Schritt für Schritt. *Welches ist das Vitamin, an dem es mir am meisten mangelt? Welches das zweitnotwendigste ...?* Oder: *Welcher Mineralstoff oder welches Spurenelement ist es, an dem es mir am meisten mangelt?* Und so fort. Wenn Sie mit Hilfe des Pendels tatsächlich einem Nährstoffmangel auf die Spur gekommen sind, sollten Sie unbedingt dafür sorgen, dass dieser durch entsprechende Nahrungsmittel wieder ausgeglichen wird.

Es empfiehlt sich, die beiden Pendeldiagramme „Die wichtigsten Vitamine" und „Lebenswichtige Mineralstoffe und Spurenelemente" in regelmäßigen Abständen auszupendeln. Denn Verbrauch und Verwertung der einzelnen Nährstoffe variieren – je nach aktueller Lebenssituation – teilweise beträchtlich. So kann beispielsweise in Zeiten akuter Stressbelastung oder während bzw. kurz nach einer überstandenen Infektion der Bedarf an Vitamin C plötzlich größer sein als gewöhnlich. Vitamin C, das wegen seiner so wichtigen Bedeutung für ein intaktes Immunsystem, ebenso wie für unser seelisches Wohlbefinden, zu den wichtigsten Nährstoffen gehört, kann übrigens weitgehend unbedenklich auch in hohen Dosen, etwa in Form von Vitamin-C-Tabletten, eingenommen werden. Da es wasserlöslich ist, reichert sich ein Zuviel an Vitamin C nicht, wie beispielsweise das fettlösliche Vitamin A, im Körper an, sondern wird vom Organismus über die Nieren wieder ausgeschieden. (Auch die Mehrzahl der Mineralstoffe und Spurenelemente wird über Nieren, Dickdarm und Haut wieder ausgeschieden, wenn der Bedarf des Körpers gedeckt ist.) Trotzdem sollten Sie bei Mangelerscheinungen immer auch einen Arzt oder Heilpraktiker zurate ziehen, um die richtige Dosis, Einnahmedauer und das geeignete Präparat zu besprechen.

Im Übrigen richtet sich die Höhe des Nährstoffbedarfs nicht nur nach den aktuellen Lebensumständen, sondern auch nach den jeweiligen Entwicklungsstadien des menschlichen Körpers: Kleinkinder, Jugendliche und ältere Menschen haben einen höheren Vitaminbedarf als Erwachsene mittleren Alters. Schließlich unterscheiden die Mediziner auch zwischen einzelnen Risikogruppen, zu denen vor allem Schwangere und stillende Mütter und auch Raucher gehören. Sie alle sind auf die ausreichende, aber auch ausgewogene Zufuhr von Vitaminen, Mineralstoffen und bestimmten Spurenelementen dringend angewiesen, um gesund zu bleiben.

Alle wichtigen Vitamine auf einen Blick

Vitamine	Wichtig für	Vorkommen
Vitamin A (Retinol)	Augen, Haut, Haare, Schleimhäute, Zellschutz, Knochenwachstum	Möhren/Karotten, Kohl, Spinat, Leber, Butter, Milchprodukte
Beta-Karotin (Provitamin A)	Augen, Haut, Haare, Schleimhäute, Zellschutz, Knochenwachstum	Möhren/Karotten, Spinat, Grünkohl, Tomaten, Mango
Vitamin B_I (Thiamin)	Nervensystem, Herz, Muskeln, Stoffwechsel	Vollkornprodukte, Hülsenfrüchte, Innereien

Vitamine	Wichtig für	Vorkommen
Vitamin B_2 (Riboflavin)	Verwertung von Fett, Eiweiß und Kohlenhydrate, Schleimhäute	Milchprodukte, Geflügel, Vollkornprodukte, Fisch, Eier
Vitamin B_6 (Pyridoxin)	Nerven, Eiweißstoffwechsel, Blutbildung	Fisch, Fleisch, Vollkornprodukte, Kartoffeln, Soja
Vitamin B_{12} (Cobalamin)	Blutbildung, Zellaufbau, Wachstum	Innereien, Hering, Seelachs, Eier, Milchprodukte
Vitamin C (Ascorbinsäure)	Immunabwehr, Bildung von Bindegewebe und Knochen, Eisenverwertung, Blutbildung, Antioxidans-Schutz	Zitrusfrüchte, Johannisbeere, Kiwi, Hagebutten, Sanddorn, Broccoli, Paprika
Vitamin D (Calciferol)	Knochenbildung	Lebertran, Fisch, Eigelb, Avocados, Milchprodukte
Vitamin E (Tocopherol)	Antioxidans-Schutz, Vorbeugung von Arteriosklerose	Pflanzliche Öle, Nüsse, Schwarzwurzel, Himbeeren, Avocados
Vitamin H (Biotin)	Stoffwechsel	Eigelb, Nüsse, Hülsenfrüchte
Vitamin K (Phyllochinon)	Blutgerinnung	Sauerkraut, Spinat, Rosenkohl

Alle wichtigen Mineralstoffe auf einen Blick

Mineralstoffe	Wichtig für	Vorkommen
Kalzium	Knochen, Zähne, Blutgerinnung, Muskeltätigkeit	Milchprodukte, Käse, Grünkohl, Löwenzahnblätter, Zuckerschoten, Sesamsamen
Kalium	Flüssigkeitshaushalt, Nervenimpulse, Entgiftung, Zellstoffwechsel, Enzymbildung, Sauerstoffversorgung des Gehirns, Wachstum	Aprikosen, dicke Bohnen, Kidneybohnen, Paranüsse, Datteln, Mandeln, Kokosnüsse
Chlor	Säure-Basen-Haushalt, Magensäure, Entgiftung, Hormontransport, Gelenke, Sehnen	Bananen, Milchprodukte, Spinat, Geflügel
Phosphor	Knochen, Zähne, Nierenfunktion, Zellstoffwechsel, Zellenergie, Muskeltätigkeit, Gehirnzellen	Milchprodukte, Käse, Fisch, Nüsse, Innereien
Magnesium	Immunsystem, Enzymbildung, Nerven, Hormontransport, Zellenergie	Bierhefe, Hülsenfrüchte, Cashewkerne, Vollkornprodukte
Natrium	Flüssigkeitshaushalt, Säure-Basen-Haushalt, Nervenimpulse, Blut, Lymphflüssigkeit, Entgiftung, Verdauung	Matjesfilets, Frühstücksspeck, Bündner Fleisch, Hering, Mettwurst
Schwefel	Bindegewebe, Haut, Fingernägel, Durchblutung, Nerven, Gallenflüssigkeit	Eier

Vorsicht vor schädlichen Spurenelementen

Es gibt auch Spurenelemente, die nachweislich schädliche Folgen für den menschlichen Organismus haben. Blei steht beispielsweise in Verdacht, Leberschädigungen, Nierenvergiftungen und Nervenlähmungen hervorzurufen. Kadmium begünstigt eine Nierenfunktionsstörung und das äußerst schädliche radioaktive Atom Strontium 90 (das jedoch nicht mit dem körpereigenen Strontium verwechselt werden darf) schädigt Knochen und Knochenmark. Tatsächlich sind wir – vor allem als Folge der zunehmenden Umwelt- und insbesondere Luftverschmutzung – heutzutage kaum noch in der Lage, diesen gesundheitsschädlichen Stoffen dauerhaft aus dem Weg zu gehen. Vor allem Partikel von Schwermetallen, die in unserer Atemluft oder in der Nahrung enthalten sind, führen wir unserem Körper zu, ohne es zu bemerken.

Daher empfiehlt es sich, das Pendeldiagramm „Schädliche Spurenelemente" auszupendeln. Vor allem wenn Sie unter gesundheitlichen Problemen ohne erkennbare Ursache leiden, lohnt es sich, festzustellen, ob sich in Ihrem Körper möglicherweise eines oder mehrere dieser schädlichen Spurenelemente angereichert hat. Stellen Sie Ihrem Pendel die Frage: *Welches schädliche Spurenelement wird auf Dauer meiner Gesundheit am meisten schaden? Welches Spurenelement kann mir außerdem schaden?* Und so fort.

Pendeldiagramm Die wichtigsten Vitamine

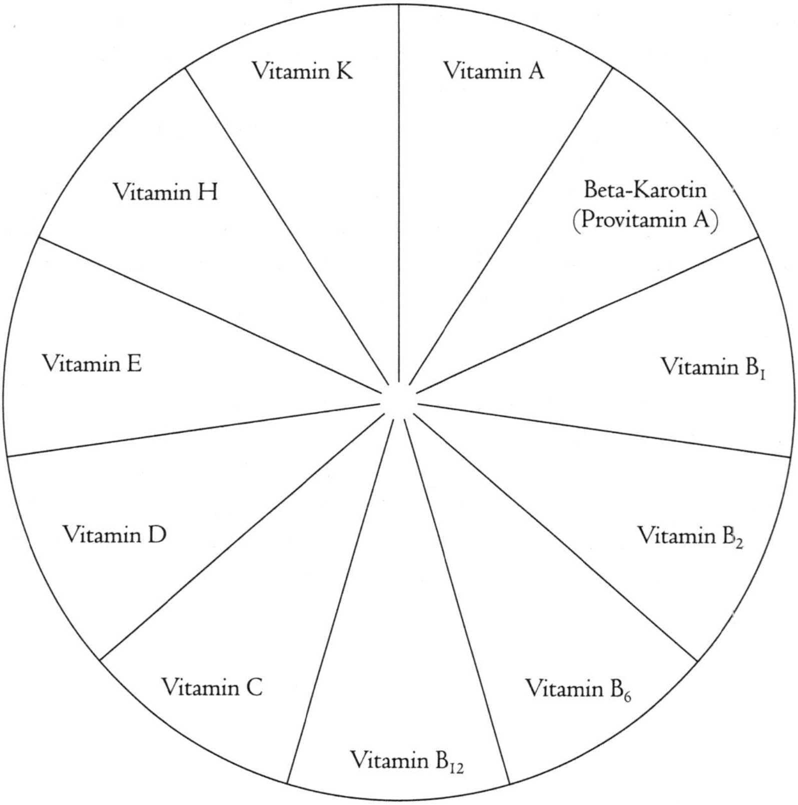

Pendeldiagramm Lebenswichtige Mineralstoffe und Spurenelemente

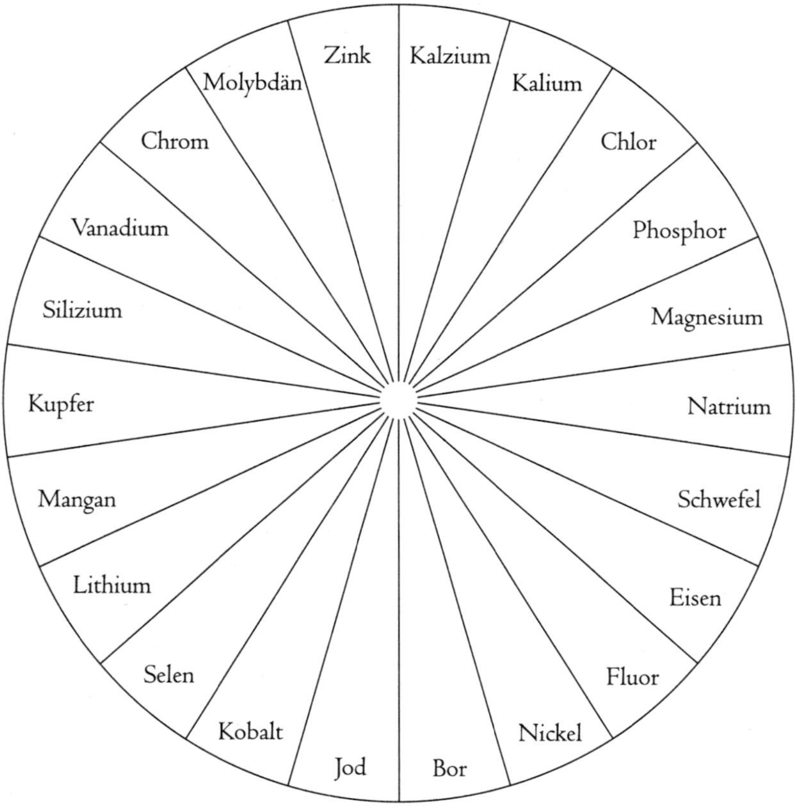

Pendeldiagramm Schädliche Spurenelemente

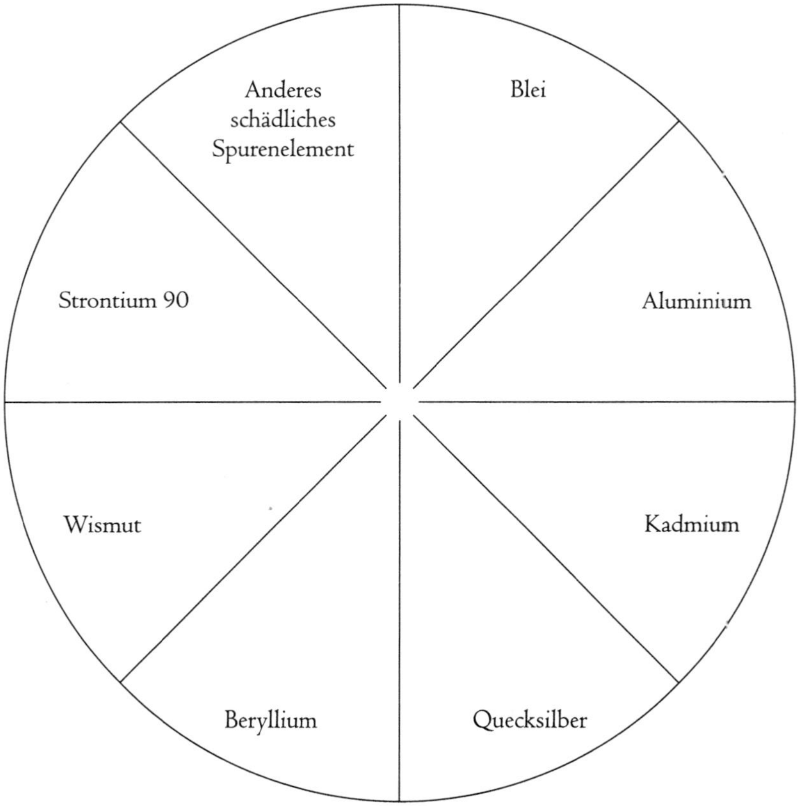

Pendeln und Partnerschaft

Eines Abends rief mich ein Freund an, mit dem ich schon zusammen im Sandkasten gespielt habe. Ich wusste, dass er sich vor zwei Jahren hatte scheiden lassen.

Ich komme schwer mit meiner Einsamkeit zurecht und sehne mich nach einer neuen Lebensgefährtin. Aber irgendwie bin ich verunsichert und weiß einfach nicht so recht, wie die Frau sein soll, mit der ich eine Beziehung eingehen möchte. Manchmal glaube ich, es gibt sie gar nicht.

Ich antwortete ihm, dass er nur nicht resignieren solle, und bot ihm an, für ihn den Pendel zu befragen. Anfangs war er ein wenig skeptisch, doch schließlich nahm er meine Einladung an. Zunächst machte ich Klaus, wie ich ihn hier nennen möchte, ein wenig mit den Grundprinzipien des Pendelns vertraut. Dann wies ich ihn darauf hin, dass viele Partnerschaften scheitern bzw. von vornherein keine Chance haben, weil es einem der Partner – oder auch allen beiden – an Selbsterkenntnis mangelt. Tatsächlich ist es von enormer Bedeutung, dass man sich erst einmal selbst richtig einschätzen kann, um sich darüber klar zu werden, wer aufgrund der eigenen Persönlichkeitsstruktur zu einem passt. Demnach geht es vor allem darum, sich selbst erst einmal so zu sehen und zu akzeptieren, wie man wirklich ist und nicht wie man *sein möchte* – jede Form der Selbstidealisierung oder -verleugnung ist hier also fehl am Platz. Um sich selbst besser einschätzen zu können, sollte man den Pendel befragen – oder ihn befragen lassen. Und genau das tat ich nun: Ich fragte meinen Pendel, welcher Typ von Mann Klaus eigentlich sei. Dabei verwendete ich folgendes Pendeldiagramm:

Pendeldiagramm Typen der Männlichkeit

Bei einer Frau oder zur Suche einer Partnerin kann man natürlich entsprechend mit dem Pendeldiagramm „Typen der Weiblichkeit" arbeiten.
Für Klaus war es jedoch erst einmal wichtig, mehr über sich selbst zu erfahren. Deshalb beschäftigten wir uns zunächst mit den einzelnen Männertypen. Wie hat man sie sich im Einzelnen vorzustellen? Auch wenn Sie selbst mit diesen verschiedenen charakteristischen Typen arbeiten möchten, sollten Sie sich zunächst einmal klarmachen, welche Eigenschaften Sie mit den einzelnen Männer- und Frauentypen verbinden. Klaus' Vermutung, dass er wohl eher ein „Macher" sei, bestätigte der Pendel.

Pendeldiagramm Typen der Weiblichkeit

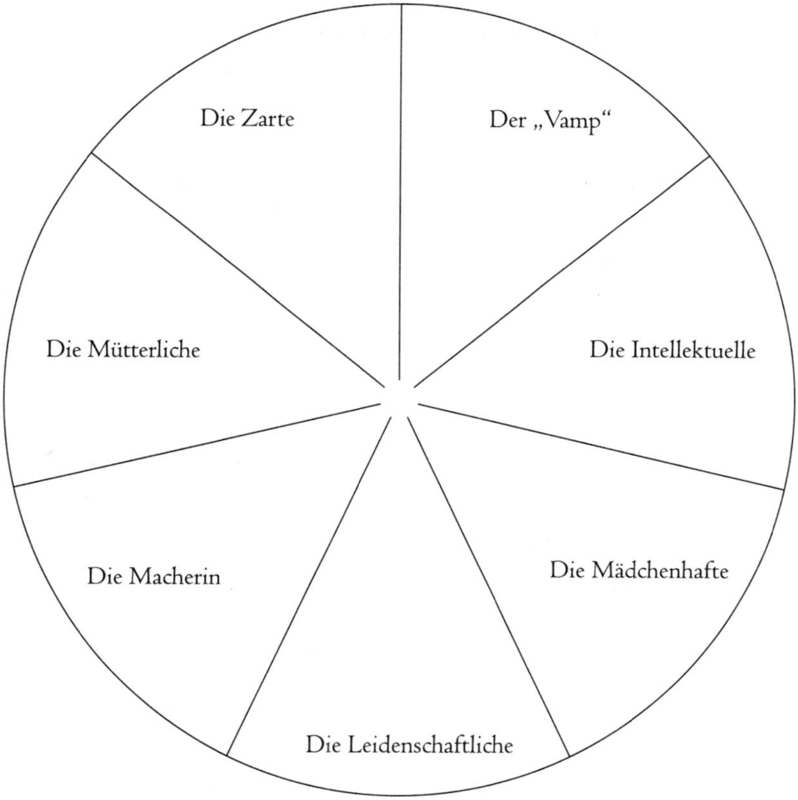

Der nächste Schritt bestand nun darin, durch Pendeln herauszufinden, welcher Frauentyp wohl am besten zu ihm passen würde. Hätte sich Klaus bereits für eine bestimmte Frau interessiert, so wäre es mit Hilfe des Pendeldiagramms „Harmonische Partnerschaften“ möglich gewesen, zu ermitteln, ob die beiden wirklich eine befriedigende Partnerschaft zu erwarten hätten.
Allen, die sich dafür interessieren, ob sie in einer bereits bestehenden oder zukünftigen Lebensgemeinschaft mit ihrem Partner harmonieren, sei die Arbeit mit diesem Pendeldiagramm empfohlen.

Pendeldiagramm Harmonische Partnerschaft

Körperlich	Körperlich
Gefühlsmäßig	Gefühlsmäßig
Intellektuell	Intellektuell
Spirituell	Spirituell

Mit diesem Pendeldiagramm verfahren Sie am besten folgendermaßen:
1. Tragen Sie Ihren Vornamen auf der linken, den Vornamen ihres möglichen oder tatsächlichen Partners bzw. der Partnerin auf der rechten gestrichelten Linie ein.
2. Lassen Sie Ihren Pendel nun auf einer gedachten Linie zwischen den beiden obersten Kreisen schwingen und stellen Sie dabei die Frage: *Lassen sich ... und meine körperlichen Schwingungen miteinander harmonisieren?* Der Pendel wird mit *Ja* oder *Nein* antworten.
3. Befragen Sie den Pendel auf die gleiche Weise nun nacheinander zu den Bereichen „gefühlsmäßig", „intellektuell" und „spirituell".
4. Prüfen Sie das Ergebnis wie gewohnt durch Kontrollfragen, um sicher zu gehen, dass es sich jeweils tatsächlich um die richtige Aussage handelt.

Aber zurück zu Klaus. *Ich erwarte keine Traumfrau,* meinte er, *aber natürlich sollte sie zu mir passen.* Ich nahm also erneut meinen Pendel zur Hand und befragte das Pendeldiagramm „Typen der Weiblichkeit". Welchen Frauentyp der Pendel für Klaus ermittelte, soll sein (und mein) Geheimnis bleiben. Hier sei nur soviel verraten, dass die Wahl des Pendels konsequenterweise nicht auf sein weibliches Pendant – also die Macherin – fiel.
Zum Abschluss möchte ich noch auf ein Pendeldiagramm hinweisen, mit dessen Unterstützung Sie herausfinden können, wie Ihr(e) Idealpartner(in) aussehen sollte. Vielleicht sagen Sie sich jetzt, dass Sie von Ihrem „Traummann" oder Ihrer „Traumfrau" ohnehin schon eine ganz genaue Vorstellung haben. Da wir jedoch fortwährend von Schönheitsidealen beeinflusst werden, die uns die Massenmedien vorsetzen, wird manchmal der Blick für unsere tatsächlichen Vorstellungen getrübt. Ihr Pendel wird Ihnen zuverlässig sagen, welche körperlichen Merkmale auf Sie attraktiv wirken.

Pendeldiagramm Erscheinungsbild des Idealpartners/der Idealpartnerin

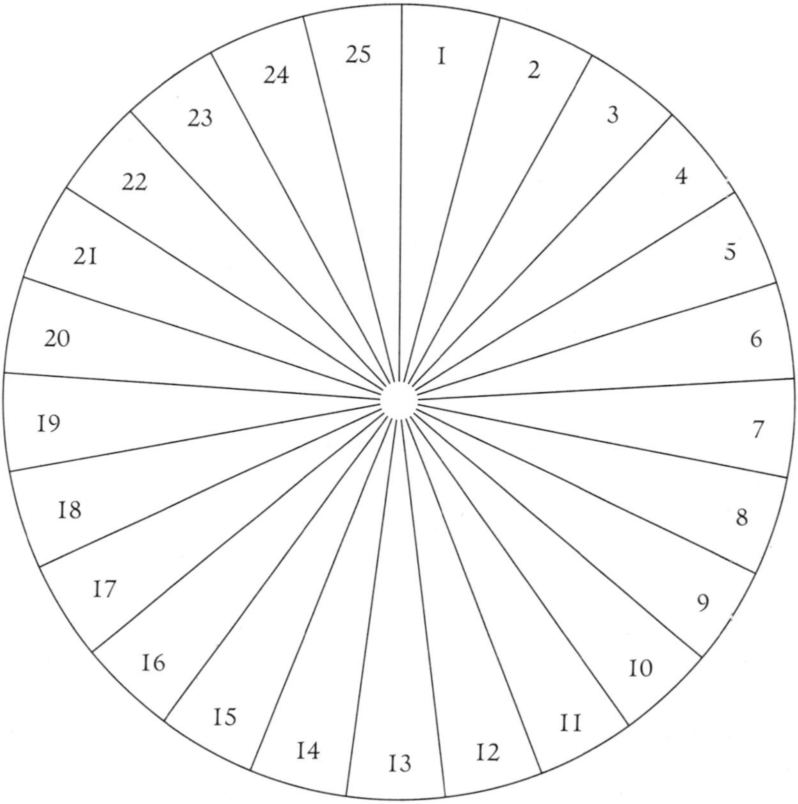

1 Zarter Körperbau
2 Normaler Körperbau
3 Kräftiger Körperbau
4 Kurzes Haar
5 Mittellanges Haar
6 Langes Haar
7 Schwarzes Haar
8 Brünettes Haar
9 Blondes Haar
10 Rotes Haar
11 „Flippiges" Haar
12 Klein
13 Mittelgroß
14 Groß
15 Schlank
16 Normalgewicht
17 Füllige Figur
18 Blaue Augen
19 Grüne Augen
20 Braune Augen
21 Schwarze Augen
22 Sportlich-legere Kleidung
23 Normale Kleidung
24 extravagante Kleidung
25 Andere Eigenschaften

Vor einer Überbetonung des Äußeren eines Menschen sollte man sich allerdings hüten, wie ich meine. Denn was nützt das blendende Aussehen des Partners, wenn man sich mit ihm nicht auf der gleichen Wellenlänge befindet? Dieser landläufig gebrauchte Ausdruck macht deutlich, um was es in menschlichen Beziehungen – seien es Liebesbeziehungen oder Freundschaften – letztlich geht: nämlich um die Frage, ob die seelischen, intellektuellen und spirituellen Schwingungen eines Menschen mit denen eines anderen harmonieren. Ohne Gleichklang in diesen Bereichen ist eine dauerhafte und glückliche Beziehung wohl kaum möglich.

Pendeln und Karriere

Die Berufswahl gehört zu den wichtigsten Entscheidungen im Leben eines jeden Menschen. Dabei geht es nicht nur um die Höhe des Einkommens, sondern auch darum, eine Tätigkeit auszuüben, durch die man sich entfalten und verwirklichen kann. Gerade jungen Menschen, deren Persönlichkeit sich erst entwickelt, fällt diese Wahl oft sehr schwer; sie wissen nicht recht, in welchem Bereich ihre Talente oder Interessen eigentlich liegen. Um das herauszubekommen, lässt sich der Pendel sinnvoll einsetzen: er kann Ihnen zeigen, welche der verschiedenen Berufsgattungen für Sie besonders geeignet ist. Halten Sie Ihren Pendel über das Diagramm „Berufssparten“ und lassen Sie ihn frei schwingen.

Pendeldiagramm Berufssparten

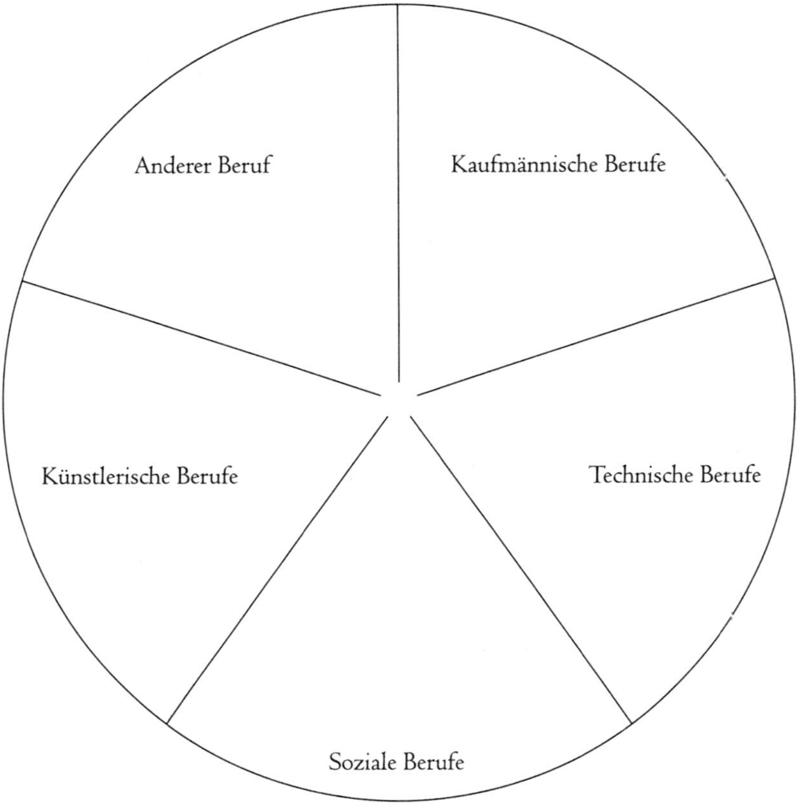

Sie wissen jetzt, welcher Berufszweig Ihren Fähigkeiten und Neigungen entspricht. Nun ermitteln Sie, in welche Richtung Sie sich innerhalb dieses Zweiges beruflich orientieren sollten. Benutzen Sie dabei eines der folgenden vier Pendeldiagramme.

Pendeldiagramm Kaufmännische Berufe

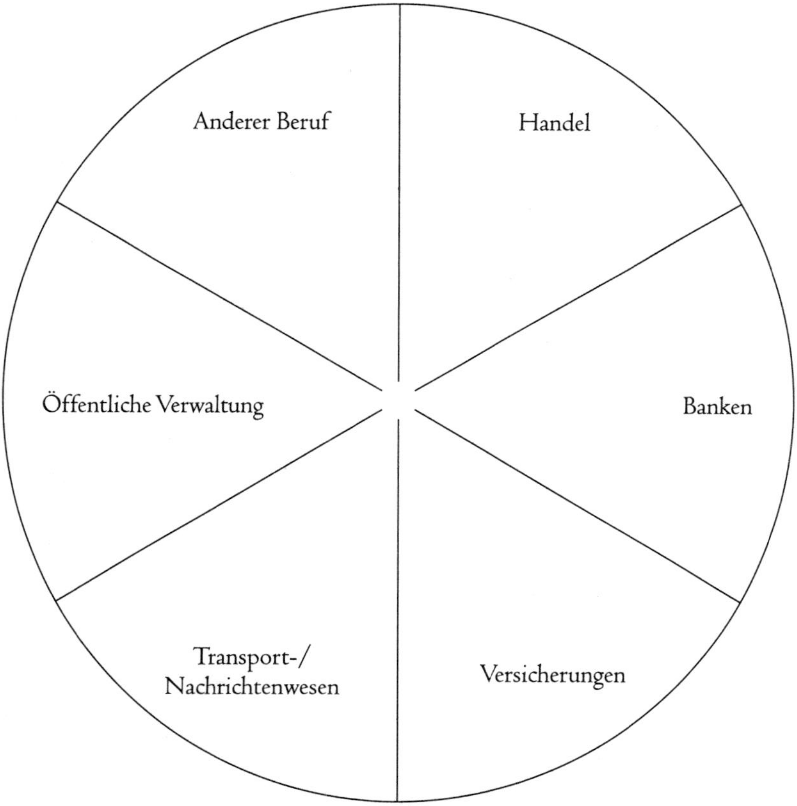

Pendeldiagramm Technische Berufe

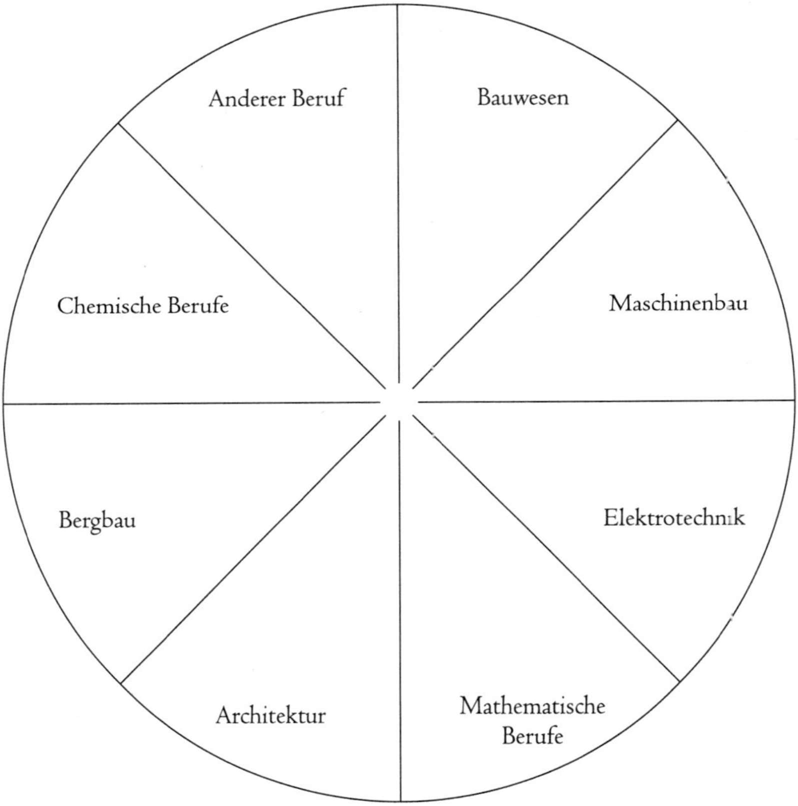

Pendeldiagramm Soziale Berufe

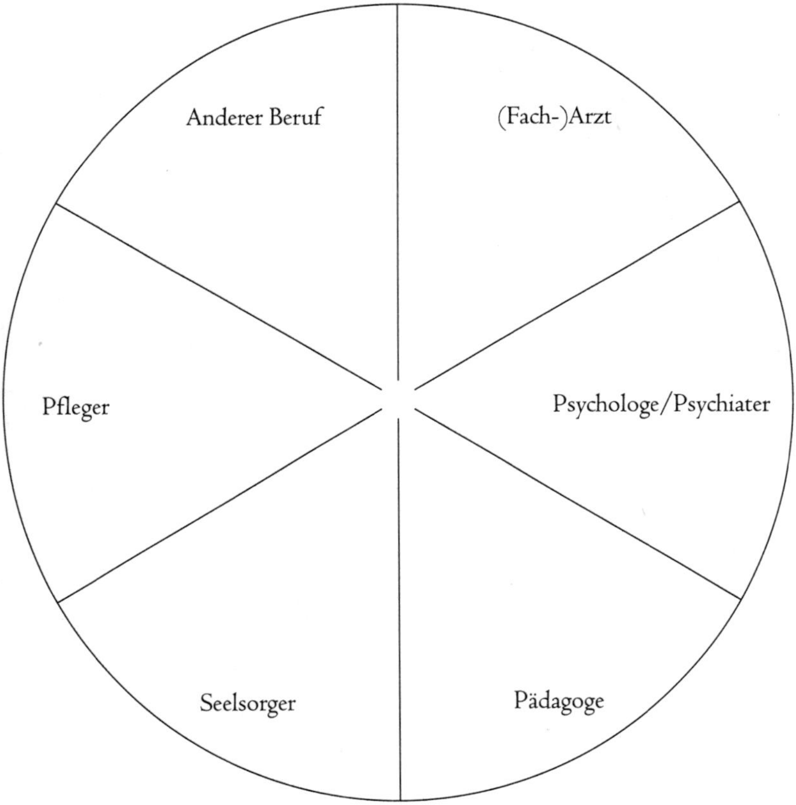

Pendeldiagramm Künstlerische Berufe

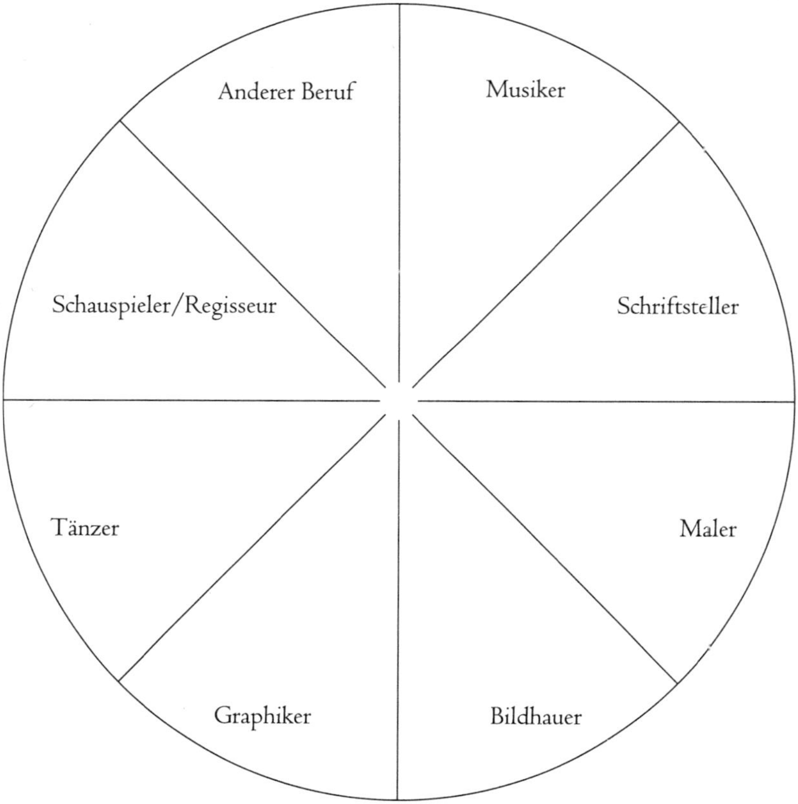

Der Rat, den Sie nun von Ihrem Pendel erhalten haben, sollte allerdings nicht dazu führen, dass Sie auf eine professionelle Berufsberatung verzichten, denn dort bekommen Sie individuelle Tipps und Anregungen, wo und wie Sie Ihre Begabungen am besten einsetzen können.
Vielleicht sind Sie mit Ihrem jetzigen Beruf nicht zufrieden, fühlen sich unausgefüllt oder überfordert oder Sie haben den Verdacht, dass Ihre Leistung nicht genügend anerkannt wird. In solch einem Fall wäre es jedoch falsch, zu resignieren, denn Möglichkeiten, sich in irgendeiner Weise zu verändern, gibt es praktisch immer. Hierbei kann Ihnen der Pendel ein guter Berater

sein, indem er Sie auf einen Weg aufmerksam macht, der Sie zu größerer Zufriedenheit im Beruf hinführt. Auch wenn der Pendel Sie zur Änderung einer Verhaltensweise auffordert, die mit Mühe und möglicherweise sogar Selbstüberwindung verbunden ist – es lohnt sich bestimmt, darüber nachzudenken, ob die Anregungen Ihre berufliche Situation langfristig verbessern könnten.

Pendeldiagramm Berufsbezogene Veränderungen

Neben dem Aspekt der Selbstverwirklichung ist für viele die Frage des Einkommens zweifellos ein weiterer wichtiger Aspekt der beruflichen Identität. Zwar macht Geld allein nicht glücklich. Im Gegenteil: Es gibt nicht wenige wohlhabende Menschen, denen ihr Reichtum zur Last wird – sei es, weil sie der Habgier verfallen oder weil sie unter Verschwendungssucht leiden. Umgekehrt wird aber auch niemand, der finanzielle Probleme hat, behaupten, dass er deshalb besonders glücklich sei. Unsere täglichen finanziellen Verpflichtungen verlangen nun einmal nach einem mehr oder weniger gesicherten Einkommen – und in der Regel auch nach einem maßvollen Umgang mit Geld. Letztlich kommt es jedoch wohl nicht allein auf den Besitz (oder Nichtbesitz) von Geld bzw. materiellen Gütern an, sondern vor allem darauf, mit Geld so umzugehen, wie es der eigenen Persönlichkeit entspricht.

Sollten Sie den Eindruck haben, dass Ihr Verhältnis zu Geld und Gütern zweifelhaft oder verbesserungsbedürftig ist, befragen Sie Ihren Pendel, was Sie ändern könnten, um auf Dauer mit dem, was Sie haben, zufriedener zu sein. Der Pendel wird auf einen Sektor des folgenden Diagramms hinweisen, der für eine bestimmte Verhaltensweise steht:

Pendeldiagramm Umgangsweisen mit Geld

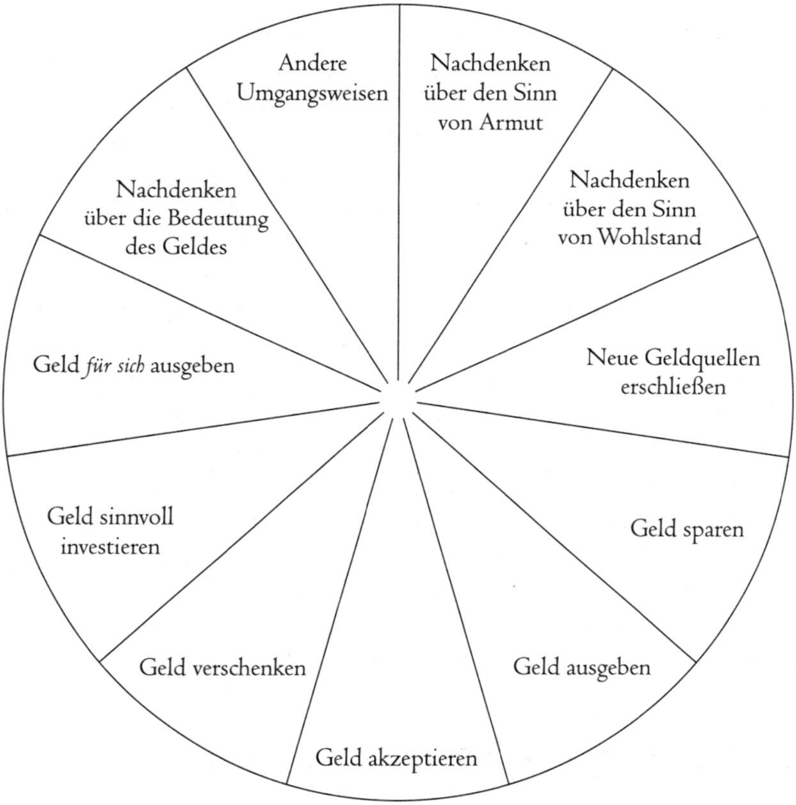

Durch das Pendeln haben Sie nun einige wegweisende Tipps zu Berufswahl, Berufsveränderung und einem sinnvollen Umgang mit Geld bekommen; es wird Sie auch bei der Beantwortung einer anderen bedeutsamen Voraussetzung, für beruflichen Erfolg, nicht im Stich lassen. Ich meine die Fähigkeit, kurz- und langfristige Prioritäten zu setzen. Klarheit auf diesem Gebiet ist besonders wichtig, wenn man produktiv arbeiten und Ergebnisse erzielen will. Und für diese Ziele können Sie auf den Pendel zurückgreifen. Er wird Ihnen beispielsweise dabei behilflich sein, herauszufinden, welcher Aufgabe oberste Priorität eingeräumt werden sollte und welche dagegen prob-

lemlos auf einen späteren Zeitpunkt verschoben werden kann. Zeichnen Sie dafür eine Skala von 0 (= unwichtig) bis 6 (= äußerst wichtig) auf ein Blatt Papier auf und halten Sie den Pendel darüber.
Dann stellen Sie zum Beispiel folgende Frage: *Besitzt der Anruf bei „XY" heute eine Priorität von 6 Grad?* Verneint der Pendel, dann gehen Sie der Reihe nach die einzelnen Ziffern durch, bis er Ihnen die richtige anzeigt. Vielleicht sagt er Ihnen, dass der Anruf in Anbetracht der anderen Dinge, die dringend zu erledigen sind, unwichtig (also 0) ist – dann verschieben Sie ihn getrost auf einen Zeitpunkt, an dem Sie weniger zu tun haben.
Dies ist nur eine von zahlreichen Möglichkeiten, den Pendel aktiv in das berufliche Leben zu integrieren. So kann er einen wesentlichen Beitrag leisten bei der Wahl des Berufes, bei der Entscheidung, ob – und wenn ja – welche beruflichen Veränderungen Sie anstreben. Auch bei der richtigen Einstellung zu Geld und Besitz kann er Ihnen wertvolle Denkanstöße vermitteln. Des Weiteren kann Sie das Pendeln bei Ihrem beruflichen Aufstieg unterstützen. Hier ist Fantasie gefragt: Überlegen Sie, in welchen weiteren Bereichen Ihnen der Pendel ein Ratgeber sein könnte. Voraussetzung ist nur, dass Sie ihn auf die richtige Weise einsetzen, ihn nicht für unlautere Zwecke missbrauchen – und keine Wunder von ihm erwarten. Er vermag Ihnen zwar wichtige Anregungen zu geben, doch eine unbefriedigende Arbeitssituation aktiv verändern, das können nur Sie selbst.

Störzonen, die krank machen

Meine Damen und Herren, ich halte es für selbstverständlich, dass über dieses Untersuchungsresultat keine Verlautbarung nach außen dringt. Mit diesen Worten wandte sich der berühmte Arzt Ernst Ferdinand Sauerbruch (1875-1951) an seine Kollegen, mit denen er im Kantonspital in Zürich zusammenarbeitete. Tatsächlich war Professor Sauerbruch – eine Kapazität auf dem Gebiet der Lungen- und Herzchirurgie – mit einem mysteriösen Fall konfrontiert worden: Innerhalb weniger Tage waren drei Frauen in ein und demselben Bett überraschend ihrer Krebserkrankung erlegen. Sauerbruch ordnete an, das Krankenzimmer von einem Pendler untersuchen zu lassen. Der konsultierte Radiästhet fand heraus, dass sich exakt unter dem Bett eine Stelle befand, an der sich schädliche terrestrische (= irdische) Strahlen – auch pathogene Erdstrahlen genannt – kreuzten. Die Patientinnen waren gestorben, weil sie sich innerhalb einer krank machenden, pathogenen Zone befunden hatten. Sauerbruch war mit derartigen Phänomenen vertraut; da er jedoch befürchtete, sich bei seinen Kollegen und in der Öffentlichkeit lächerlich zu machen, wagte er es nicht, sich zur Radiästhesie zu bekennen.

In diesem Abschnitt möchte ich Sie mit pathogenen Energieschwingungen vertraut machen und darlegen, wie man sie mit einem Pendel erfassen und orten kann. Dabei stelle ich keinerlei Anspruch auf Vollständigkeit, denn mehr als ein Überblick über diese krank machenden Schwingungsmuster ist hier aus Platzgründen nicht möglich. Sollten Sie sich mit dieser Thematik eingehender beschäftigen wollen, dann greifen Sie bitte zur einschlägigen Fachliteratur, die im Anhang unter den Literaturhinweisen aufgeführt ist.

Von pathogenen Störzonen, die von Erdstrahlen erzeugt werden, gehen für den Menschen schädliche Wirkungen aus; es gibt jedoch auch terrestrische Schwingungen, welche einen positiven Einfluss auf unser Leben ausüben – etwa von Heilsteinen, Metallen oder Pflanzen ausgehende Energien (siehe achtes Kapitel „Kombination der Methoden"). Jedes Lebewesen benötigt für Wachstums- und Heilungsprozesse Energie von außen – ganz besonders die der Sonne. Doch in unserer hochtechnisierten Welt sind wir einer Unzahl negativer Energieströme ausgesetzt – man denke nur an die Strahlungen, die von Computerbildschirmen, diversen Haushaltsgeräten oder gar Atomkraftwerken ausgehen, die bereits im Normalbetrieb Radioaktivität ausstrahlen. Meist verursachen diese für den Menschen erst dann schädliche Wirkungen, wenn sie über längere Zeit hinweg auf ihn einwirken.

Bevor Sie sich mit Ihrem Pendel auf die Suche nach pathogenen Erdstrahlen begeben, empfiehlt es sich, eine kleine Übung zu machen, durch die Sie die Position eines Gegenstandes genauer ermitteln lernen. Bitten Sie dafür einen Bekannten, in einem möglichst großen Blumenbeet oder Rasenstück eine Münze oder einen anderen kleineren Gegenstand aus Metall zu vergraben. Als Erstes fordern Sie Ihren Pendel auf, es Ihnen mit einer *Ja*-Antwort mitzuteilen, wenn Sie sich direkt über dem vergrabenen Gegenstand befinden. Ist das geschehen, markieren Sie die Stelle zu Ihrer Orientierung und fragen als Nächstes nach der Tiefe: *Ist der Gegenstand tiefer als dreißig Zen-*

timeter vergraben worden? Lautet die Antwort *Ja*, fragen Sie weiter: *Liegt er tiefer als fünfzig Zentimeter?* und so fort, bis Sie die richtige Tiefe ermittelt haben. Überprüfen Sie das Ergebnis anschließend wie gewohnt mit einer Kontrollfrage – und machen Sie sich dann erst daran, den Gegenstand auszugraben. Indem Sie diese Übung mehrmals durchführen, können Sie Ihre Fähigkeit trainieren, mit dem Pendel nach verborgenen Dingen zu suchen – und sich so Schritt für Schritt darauf vorbereiten, als Radiästhet mit etwas Glück auch pathogene Erdstrahlen zu ermitteln.

Wenn Sie sich seit längerem, trotz ausreichenden Schlafs, am Morgen wie erschlagen fühlen oder Kopfschmerzen haben, so kann das daran liegen, dass sich Ihr Bett in einer Störzone befindet. Bitten Sie Ihren Pendel um Auskunft, ob es sich tatsächlich so verhält, indem Sie ihn über Ihr Bett und dessen nähere Umgebung führen. Stellen sie ihm dabei die Frage: *Befindet sich hier eine pathogene Störzone?* Antwortet der Pendel an einem bestimmten Punkt mit Ja, dann überlegen Sie, welche Körperstelle während des Schlafs diesem Punkt besonders nahe kommt. Um sicher zu gehen, dass Sie sich nicht irren, befragen Sie den Pendel erneut, etwa auf folgende Weise: *Ist es mein Hinterkopf, der der Erdstrahlung ausgesetzt ist?* Nun vergleichen Sie das Resultat der Pendelbefragung mit dem Unwohlsein, das Sie verspüren. Auf keinen Fall sollten Sie sich mit einem einmaligen Experiment begnügen: Wiederholen Sie diesen Versuch mehrmals, um wirklich die richtigen Konsequenzen daraus ziehen zu können. Sollten Sie sich dazu entschließen, beispielsweise das Bett an eine andere Stelle Ihres Zimmers zu stellen, dann befragen Sie vorher den Pendel, ob diese Stelle auch wirklich störungsfrei ist. Was Sie nicht übersehen sollten: Die negativen Schwingungen müssen selbstverständlich nicht vom Erdinneren ausgehen; sie können auch von neuen (oder umgestellten) Einrichtungsgegenständen, kürzlich verlegten Rohren oder Leitungen herrühren.

Abgesehen davon, dass man einfach „die Flucht ergreift", kann man letztlich nicht viel gegen pathogene Störungen unternehmen. Zwar werden des öfteren so genannte Entstörer empfohlen. Es handelt sich dabei um Gegenstände unterschiedlicher Art, wie Magnete, Metallrohre, Steine, Blechdosen usw., die rund um das Bett des Strahlengeplagten platziert werden. Meiner Erfahrung nach ist es jedoch mehr als fraglich, ob diese tatsächlich effizient Störzonen entgegenwirken. Mir erscheint es angebrachter – und

letztlich weniger aufwändig –, in Zukunft einfach den betreffenden Stellen auszuweichen und das Bett umzustellen.
Des Weiteren kann man mit Hilfe des Pendels auch radioaktive Strahlen und andere Umweltgifte orten und beispielsweise feststellen, ob ein bestimmtes Nahrungsmittel radioaktiv belastet ist, mit Insektiziden behandelt wurde oder Ähnliches. Gerade bei dieser Befragung sollten Sie unbedingt daran denken, Ihr Pendel anschließend mit fließendem Wasser sorgsam zu reinigen!

Kombination der Methoden

Mit dem Pendel das richtige Heilmittel bestimmen

Der amerikanische Pendel-Experte Greg Nielsen, dessen Bücher in den Vereinigten Staaten die Bestseller-Listen anführen, schreibt über die Rolle des Pendels im Bereich der Medizin, *dass er eine Art von New-Age-Hörrohr* (ist), *ein High-Touch-Gerät in einer High-Tech-Welt. Er ist ein Instrument, das jeder Gesundheitsexperte wohl irgendwann in seiner Tasche tragen wird.* Wie wir bereits im Kapitel über medizinisches Pendeln gesehen haben, eignet sich der Pendel tatsächlich hervorragend dazu, den Gesundheitszustand eines Menschen zu bestimmen – und schließlich zu verbessern –, sei es durch Vorbeugung, Ursachenforschung und Diagnose einer Krankheit, sei es in Bezug auf die Suche nach dem adäquaten Heilmittel. Dabei hat sich der Pendel auch in den Praxen vieler Heilpraktiker immer wieder darin bewährt, negative Schwingungen aufzuspüren, die das Körper-Seele/Geist-Gleichgewicht des Patienten stören oder gar ernsthaft bedrohen. So gesehen, braucht zwischen der *fundierten* Pendelarbeit und dem medizinisch-wissenschaftlichen Ansatz kein konkurrierendes Verhältnis zu bestehen, sondern die jeweiligen Aussagen in Diagnose und Therapieansatz können sich auf geradezu ideale Weise bestätigen und ergänzen.

Je länger und intensiver Sie sich mit dem Pendeln befassen, desto empfänglicher werden auch Sie für allerfeinste Schwingungen jeder Art werden. In diesem Sinn wird Ihnen der Pendel als zuverlässiger Helfer bei der praktischen Energiearbeit, der Nutzbarmachung von Schwingungen zu Heilzwecken, zur Seite stehen.

Freilich gilt – wie in allen anderen Bereichen, in denen man mit dem Pendel arbeitet – auch für den medizinischen Sektor: Machen Sie sich von Ihrem Pendel nicht abhängig, indem Sie ihn an Ihrer Stelle „denken" lassen. Benutzen Sie ihn statt dessen vor allem als Hilfsmittel zu dem Zweck, eine tiefere, innigere Beziehung zu Ihrem Körper zu entwickeln. Bei der therapeutischen Energiearbeit sollten Sie darüber hinaus unbedingt beachten,

dass sämtliche Pendelanwendungen zur Selbsthilfe auf Dauer nicht den (Fach-)Arzt ersetzen können.
Noch ein Wort zum therapeutischen Nutzen des Pendels: Besonders die Kombination homöopathischer Heilverfahren mit der Pendelarbeit hat sich vielfach bewährt – und das schon allein deshalb, weil der Pendel naturgemäß ausgesprochen empfänglich ist für die feinen Schwingungen der homöopathischen Mittel, die wiederum auf die Lebensvorgänge unterstützend und ordnend einwirken. Im Folgenden können Sie sich einen Überblick über die verschiedenen Möglichkeiten verschaffen, wie man alternative Heilverfahren, die – im Gegensatz zur Schulmedizin – immer auf die Ganzheit des Menschen zielen, sinnvoll mit dem Pendeln verbinden kann.

Aromatherapie und Pendeln

Als ein uralter und erst in diesem Jahrhundert wiederentdeckter Bereich der Naturheilkunde wird die Aromatherapie heute von vielen Menschen aus den unterschiedlichsten Gründen geschätzt. Immer mit dem Ziel, die Selbstheilungskräfte anzuregen oder zu harmonisieren, wird die therapeutische Anwendung von ätherischen Ölen sowohl zur Steigerung des allgemeinen Wohlbefindens und zur Entspannung als auch zur Vorbeugung, Linderung und bisweilen sogar zur Heilung von bestimmten Krankheiten eingesetzt. Zwar kann die Aromatherapie letztlich nur ergänzend zu medizinischen, physikalischen oder psychologischen Therapieformen herangezogen werden. Doch ist sie als ganzheitliche Heilmethode ebenso bei körperlichen Beschwerden wie bei seelischen Verstimmungen hilfreich.
Jedes ätherische Öl hat nicht nur seinen eigenen, unverwechselbaren Duft, sondern auch eine spezifische Wirkung. Die Anwendung der Aromatherapie setzt also gute Kenntnisse über die verschiedenen Eigenschaften der einzelnen Öle voraus. Grundsätzlich empfiehlt sich, immer auch die persönlichen Vorlieben bei der Wahl eines ätherischen Öls zu berücksichtigen: Je ansprechender der Duft, desto wahrscheinlicher ist es, dass das Öl Ihrer augenblicklichen Verfassung entspricht. Darüber hinaus kann Ihnen der Pendel die Qual der Wahl erleichtern: Pendeln Sie aus, welches ätherische Öl

Ihnen momentan besonders zusagt. Im Pendeldiagramm „Aromatherapie“ sind die 14 wichtigsten ätherischen Öle aufgeführt, die sich unter dem Aspekt der Linderung von (harmloseren) Erkrankungen immer wieder besonders bewährt haben. Sollten Ihre bevorzugten Aromaöle nicht verzeichnet sein, dann erstellen Sie sich Ihr Pendeldiagramm (mit mindestens 5, maximal 30 Namen) einfach selbst – immerhin gibt es mehr als 200 ätherische Öle, die hier natürlich nicht alle berücksichtigt werden können. Nachfolgend gehe ich kurz auf die Eigenschaften der ätherischen Öle ein, die für das Pendeldiagramm ausgewählt wurden.

ANISÖL: Lindert Husten, Rachenschmerzen und Heiserkeit. Es gilt als besonders stimulierendes Öl, das ebenso das Vorstellungsvermögen anregt wie positiv auf Stimmungsschwankungen wirkt.

ANGELIKAÖL (ENGELWURZÖL): Dieses Öl wird auch „Angst- und Kraftöl“ genannt, weil es verzagten Menschen die Angst nehmen und ihnen wieder Kraft und Lebensmut verleihen kann.

CAJEPUTÖL: Wegen seiner antiseptischen Wirkung wird Cajeputöl häufig bei Erkältungskrankheiten eingesetzt. Aber auch gegen Neuralgien und Muskelschmerzen hat es sich bewährt. Das Cajeputöl wird aus der nordaustralischen Pflanze Melaleuca Cajuputii leucadendron gewonnen, das zur Familie der Myrtengewächse gehört.

EUKALYPTUSÖL: Dieses wohlriechende Öl wird zur Fiebersenkung, bei Erkältungskrankheiten und Erkrankungen der Atemwege, aber auch als Insektenschutzmittel eingesetzt.

INGWERÖL: Vor allem bei Muskelkater und Rückenschmerzen, aber auch bei Nervenentzündungen, Verdauungsproblemen oder bei körperlicher und geistiger Erschöpfung, hat sich das Heilmittel Ingweröl besonders bewährt.

LAVENDELÖL: Lavendelöl wird wegen seiner umfangreichen therapeutischen Einsatzmöglichkeiten sowohl im körperlichen als auch im seelischen Bereich geschätzt. Vor allem bei Erkältungskrankheiten, aber auch bei Husten und Bronchitis, bei Windpocken, Sportverletzungen und zur Wundbehandlung hat sich Lavendelöl bewährt.

ROSENÖL: Dieses Aromaöl wirkt unter anderem bei Kreislaufbeschwerden, Kopfschmerzen, Hautentzündungen, Gürtelrose, Windpocken und Menstruationsbeschwerden. Rosenöl ist eines der komplexesten ätherischen Öle überhaupt und enthält mehr als 400 chemische Verbindungen.

ROSMARINÖL: Wegen seiner anregenden Wirkung darf Rosmarinöl nur in geringer Dosis angewendet werden. Es hilft zum Beispiel bei Zellulitis, Menstruationsbeschwerden und bei körperlicher und geistiger Erschöpfung.
SANDELHOLZÖL: Sandelholz ist nicht nur für die Parfumindustrie ein bedeutender Duftstoff. Als ätherisches Öl lindert es Beschwerden während der Wechseljahre oder Übelkeit in der Schwangerschaft. Zugleich ist es hilfreich bei mangelndem Selbstvertrauen und großer Empfindsamkeit.
TEEBAUMÖL: Wegen seiner herausragenden medizinischen Eigenschaften ist das Teebaumöl eines der wichtigsten ätherischen Öle. Dank seiner besonderen Substanzen wirkt das aus den Blättern des in Australien beheimateten Melaleuca alternifolia gewonnene Öl sowohl gegen Viren als auch gegen Bakterien und Pilze. Daher sind seine Einsatzmöglichkeiten besonders vielfältig: Ob bei virusbedingten Erkrankungen (Erkältungskrankheiten, Herpes etc.), bei bakteriellen Infektionen (zum Beispiel Entzündungen im Vaginalbereich oder Zahnfleischentzündungen) oder bei Fußpilz – Teebaumöl ist außerordentlich wirksam und zudem besonders gut verträglich.
THYMIANÖL: Thymianöl wirkt vorbeugend gegen Erkältungen und hilft bei akuten Halsschmerzen und Schnupfen. Als eines der ältesten ätherischen Öle hat sich Thymianöl vorzüglich als keimtötendes Mittel bewährt, das unter anderem Blasenentzündungen, aber auch Fußpilz lindert.
WACHOLDERÖL: Besonders wirksam ist Wacholderöl bei Muskelkater und Rückenschmerzen, bei Verdauungsbeschwerden und Blasenentzündungen sowie bei körperlicher und geistiger Erschöpfung.
ZEDERNHOLZÖL: Dieses ätherische Öl wirkt beruhigend auf strapazierte Nerven. Zudem wird Zedernholzöl als Schutz vor Insektenstichen angewendet.
ZITRONENÖL: Wegen seiner desinfizierenden Wirkung hat sich Zitronenöl als begleitende Therapie bei Infektionen, die durch Bakterien hervorgerufen werden, einen Namen gemacht. Außerdem kommt es bei Erkältungskrankheiten zum Einsatz.

Pendeldiagramm Aromatherapie

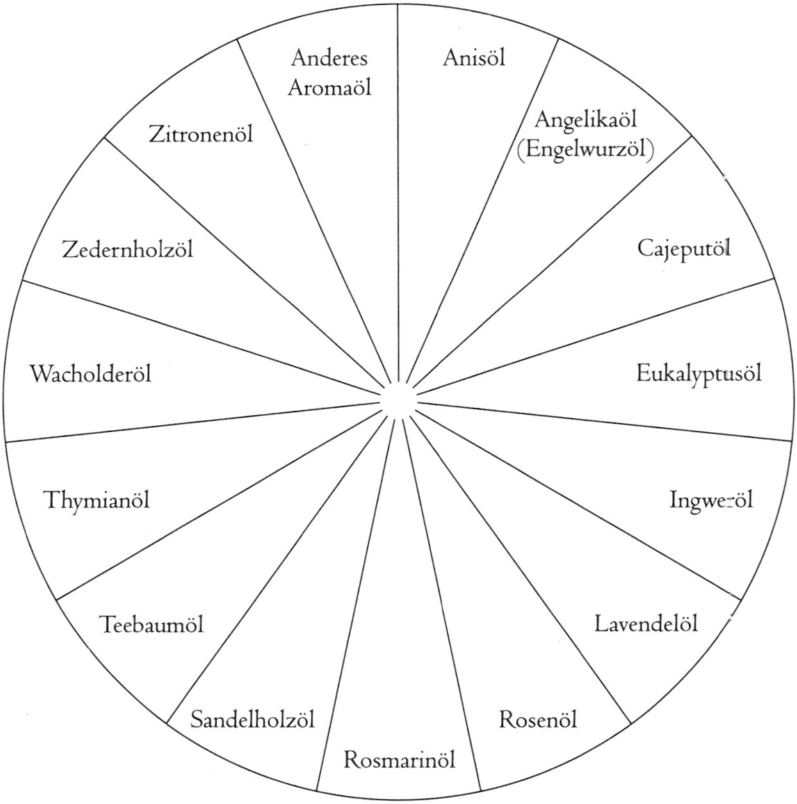

Lebenssalztherapie und Pendeln

Die Entdeckung der Lebenssalze verdanken wir dem Arzt Dr. Heinrich Schüssler, der diesen zwölf verschiedenen homöopathischen Mineralsalzen seinen Namen gab.
Die gesundheitsfördernde Wirkung der „Schüssler-Salze" liegt *nicht*, wie häufig angenommen wird, in einer Zufuhr lebenswichtiger Elemente von außen, sondern darin, dass die Zellen dazu veranlasst werden, in den einzelnen Stoffwechselvorgängen existenziell notwendige Mineralien aus den Nahrungsmitteln herauszufiltern und diese dem Energiehaushalt des Körpers zuzuführen. Das ist insbesondere dann wichtig, wenn man an einer körperlichen Erkrankung leidet, sich gerade von einer solchen erholt oder mit seelischen Verstimmungen und psychischen Problemen wie Angstzuständen, Frustration oder Einsamkeitsgefühlen zu kämpfen hat. Darüber hinaus ist die Lebenssalztherapie auch bei Menschen angeraten, die über längere Zeit hinweg zu wenig auf eine ausgewogene, gesunde Ernährung geachtet haben und deswegen unter Mangelerscheinungen leiden.

An welchen Merkmalen lässt sich erkennen, welche der 12 Lebenssalze dem Körper fehlen?

Wenn Sie diese Frage klären möchten, sollten Sie folgendermaßen vorgehen:
1. Betrachten Sie aufmerksam Ihr Gesicht. Es teilt Ihnen nämlich mit, was Ihrem Körper fehlt und welches Salz er benötigt. (Die typischen Gesichtsmerkmale und das im konkreten Fall hilfreiche Salz entnehmen Sie bitte unten stehender Tabelle.)
2. Um sicher zu gehen, dass Sie Ihrem Körper das für ihn zum gegenwärtigen Zeitpunkt richtige Lebenssalz zuführen, befragen Sie Ihren Pendel. Lassen Sie ihn über dem Pendeldiagramm „Lebenssalze" schwingen, bis er sich für eines der Segmente entschieden hat.

Krankheiten	Gesichtsmerkmal	Lebenssalz/ Haupteigenschaften
offene Wunden, Entzündungen, niedriger Blutdruck, Durchfall, Kopfschmerzen	Hohle Augen Gesichtsröte (Ausnahme: Nase)	Ferrum phosphoricum D 12 (unterstützt die Blutbildung)
übelriechende Ausscheidungen, Nervosität, Blutvergiftung, Zahnfleischbluten, Gedächtnisschwund	frühes Ergrauen der Haare (besonders an den Schläfen), fahle Haut	Kalium phosphoricum D 6 (regt die Nerven an, unterstützt die Zellregeneration)
Übergewicht, Steine aller Art, Hautunreinheiten, Verkalkung, erhöhter Cholesterinspiegel	herabhängende Wangen, fettige Haut, Akne	Natrium phosphoricum D 6 (hält den Säure- und Fetthaushalt im Gleichgewicht)
Mangelnde Durchblutung, Herzbeschwerden, mangelnder Appetit, Nasenbluten, Verspannungen, Abgespanntheit	Wachsfarbenes Gesicht (besonders Nase, Ohren)	Calcium phosphoricum D 6 (fördert die Knochenfestigung, bildet Zellen, Blut und Magensäure, beruhigt die Nerven)
Koliken, Neuralgien, Schmerzen aller Art, Krämpfe, Verdauungsbeschwerden	Hellrote Färbung der Wangen	Magnesium phosphoricum D 6 (reguliert das vegetative Nervensystem sowie den Stoffwechsel)

Krankheiten	Gesichtsmerkmal	Lebenssalz/ Haupteigenschaften
Hautausschläge, Warzen, Pickel, Antriebsschwäche, Entzündungen, Magenprobleme	Braungelbe Haut, ungleichmäßige Pigmentierung, Sommersprossen	Kalium sulfuricum D 6 (kontrolliert den Stoffwechsel, fördert die Lebertätigkeit)
Mangelnde Durchblutung, Bettnässen, Abgeschlagenheit, Galle- und Lebererkrankungen, Diabetes, Stoffwechselstörungen	Gelblich-grüne Haut, Entzündungen an der Nase, gelbliche Färbung des Augenweiß	Natrium sulfuricum D 6 (unterstützt die Ausscheidung von Schlackstoffen, steuert den Stoffwechsel des Zuckers)
Entzündungen, Schleimhautentzündungen, Erkältungen, mangelnder Blutzucker, Kinderkrankheiten wie Mumps oder Masern	Milchfarbene Haut, bläuliche Verfärbungen	Kalium chloratum D 6 (fördert den Abbau von Giftstoffen aller Art)
Mangelhafte Ernährung, Abgeschlagenheit, Verwirrtheit, Schlafstörungen, Migräne	Frühzeitige Faltenbildung, übermäßig glänzende Haut, welke Haut	Silicea D12 (kontrolliert die Funktion der Nerven, fördert die Festigkeit des Bindegewebes)
Karies, Verkalkung, Hämorrhoiden, Knochenbrüche, Schwellungen, Krampfadern	Gelbfärbung der Stirn, Falten an den Augenlidern	Calcium fluoratum D 12 (fördert die Schilddrüsenfunktion, das Wachstum der Zähne und verstärkt die Beweglichkeit des Körpers)

Krankheiten	Gesichtsmerkmal	Lebenssalz/ Haupteigenschaften
Mundgeruch, Abgespanntheit, Bandscheibenbeschwerden, schweißige Handflächen, offene Beine	Aufgeschwemmtheit, glänzende Haut	Natrium chloratum D 6 (bindet Wasser, trägt zur Zellregeneration und Blutbildung bei, steuert den Stoffwechsel der Flüssigkeiten)
Entzündungen, Katarrh, Bronchitis, Antriebslosigkeit, Angina	gerötete Haut, trüber, wässriger Blick	Calcium sulfuricum D 6 (entgiftet den Körper, unterstützt das Immunsystem)

Pendeldiagramm Lebenssalze

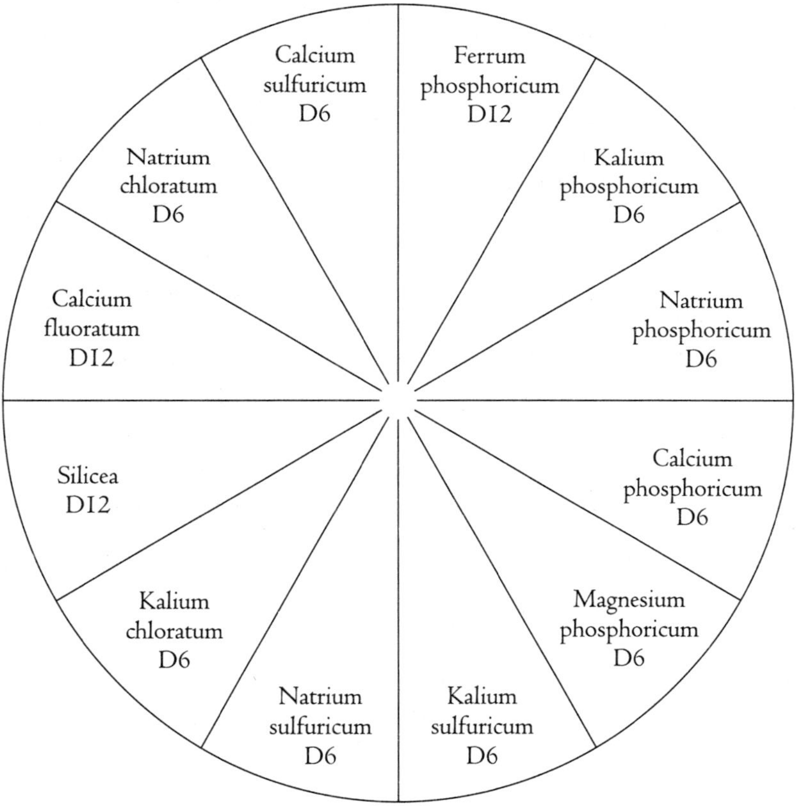

Bachblüten und Pendeln

Unzufrieden mit den therapeutischen Ansätzen der Schulmedizin, machte sich seinerzeit der britische Arzt Dr. Edward Bach (1886-1936) daran, eine ganz neue Heilmethode zu entwickeln. Die nach ihm benannte und inzwischen weltberühmte Bach-Blütentherapie basiert auf der Erkenntnis, dass eine enge Verbindung besteht zwischen dem Wesen eines Menschen und der Art der Erkrankung, die ihn heimgesucht hat. Edward Bach erkannte, dass es der Geist der jeweiligen Pflanze war, der dem Kranken helfen konnte, wieder gesund zu werden. Dieser Geist vermittelt sich dem Menschen über körperliches und seelisches Gleichgewicht schaffende Schwingungen, die manche Blüten und Pflanzen aussenden. Überzeugt davon, dass Wasser diese Energieströme von allen Elementen am besten weiterleitet, hatte Bach den genialen Einfall, Tautropfen zu sammeln, in denen diese heilenden Blüten-Schwingungen gespeichert waren.
Edward Bach unterschied 38 Pflanzenessenzen, deren jeweilige, ganz spezifische Schwingungsmuster ebenso vielen menschlichen Charaktereigenschaften entsprechen. Die aus den Blüten gewonnenen Extrakte wirken wohltuend auf insgesamt sieben Hauptbereiche negativer menschlicher Schwingungen und zwar auf die Gefühlsbereiche

1) übertriebenes Besorgtsein um andere
2) übertriebene Reizbarkeit
3) mangelnde (Selbst-)Sicherheit
4) mangelnde Aufmerksamkeit gegenüber der Gegenwart
5) mangelndes Ich-Gefühl
6) mangelnde Energie
7) mangelndes Geborgenheitsgefühl

Bevor wir der Frage nachgehen, auf welche Weise das Pendeln mit der Bach-Blütentherapie kombiniert werden kann, möchte ich kurz auf die therapeutische Wirkung einiger Blüten eingehen.
Einige Menschen zerbrechen sich ständig ihren Kopf über das Wohlergehen anderer und leiden deshalb unter übertriebener Sorge und Anspannung. Ihnen sei die Einnahme von CHICORY-Tropfen empfohlen, eine Essenz, die aus der Wegwarte gewonnen wird.

Wer zu übertriebener Reizbarkeit und Übersensibilität gegenüber Vorstellungen und Eindrücken neigt, für den ist HOLLY (Stechpalme) besonders geeignet. Diese Bachblüte gehört einer Gruppe von Pflanzen an, die die Eigenverantwortlichkeit des Menschen fördert. Auch ist sie ein probates Mittel gegen grundlose Anwandlungen von Missgunst, Hass, Eifersucht und Misstrauen.

In unserer hektischen Zeit befürchten viele Menschen, dass ihnen die Erfordernisse des Alltags über den Kopf wachsen könnten – selbst, wenn sie eigentlich alles gut im Griff haben. Für sie wird die Blütenessenz aus der Hainbuche (HORNBEAM) hilfreich sein, da sie den Willen stärkt, eine Aufgabe kraftvoll anzugehen.

Mehr Kraft und Energie wünschen sich auch häufig träumerisch veranlagte Menschen. So liebenswert diese sanften „Tagträumer" anderen Menschen oft erscheinen mögen, so sehr leiden sie selbst oft unter ihrer Unfähigkeit, in das aktuelle Geschehen aktiv eingreifen zu können. Sie hängen eher ihren Wunschvorstellungen nach, als dass sie ihre Kräfte dafür einsetzen, diese Wirklichkeit werden zu lassen. Im Extremfall kann diese Neigung zu Weltabgewandtheit bis hin zum Todeswunsch führen. Die Weiße Waldrebe (CLEMATIS) kann gute Dienste dabei leisten, wieder mit der Wirklichkeit in Kontakt zu kommen und das Leben so anzunehmen, wie es tatsächlich ist.

Manchen Menschen stellt sich genau das gegenteilige Problem: sie halten es mit sich allein nur sehr begrenzte Zeit aus. Gewiss kennen Sie diese unruhigen Geister, die nicht recht wissen, was sie mit sich selbst anfangen sollen, und die schon eine kurze Phase des Alleinseins unglücklich macht. Stets umgeben sie sich mit Menschen, wobei es kaum eine Rolle zu spielen scheint, ob sie diese überhaupt mögen oder nicht. Ein wirksames Mittel gegen diese Art des Umgetriebenseins ist das Heidekraut (HEATHER), das dazu beiträgt, sich auch dann zufrieden und glücklich zu fühlen, wenn man allein ist. Außerdem unterstützt es dabei, ein sicheres Ich-Gefühl zu entwickeln.

Wer kennt es nicht: das Gefühl am Morgen, lieber erst gar nicht aufzustehen, weil einen sowieso nichts Gutes erwartet. Gegen solche Gefühle der Energie- und Mutlosigkeit, die zu völliger Apathie oder sogar zu Selbsthass führen können, sollte derjenige, der bisweilen davon betroffen ist, die

Bachblüte der Föhre (PINE) einnehmen: Sie unterstützt die Entwicklung eines gesunden Selbstvertrauens und hilft dabei, sich aus ganzem Herzen freuen zu können, wenn man ein angestrebtes Ziel erreicht hat. Diese Bachblüte wirkt gegen den Zwang, ständig nach dem „Haar in der Suppe" zu suchen und niemals mit dem Erreichten zufrieden zu sein.

Abschließend möchte ich jenen Menschen, die aus mangelndem Geborgenheitsgefühl heraus zu Ängstlichkeit neigen, die Blüte der Zitterpappel (ASPEN) empfehlen. Zukunftsängste, das Gefühl, von „etwas" bedroht zu werden, ja sogar die heute viel diskutierten „Panikattacken" lassen sich mit dieser Bachblüte mildern.

Ich hoffe, dass Ihnen dieser kleine Einblick in die therapeutischen Möglichkeiten, welche die Bachblüten eröffnen, einen Eindruck vermitteln konnte von den ungeheuren Heilkräften, die die Natur für uns bereit hält – wir müssen nur lernen, sie zu entdecken und richtig anzuwenden. Und dabei wird uns der Pendel wichtige Dienste leisten. Denn nun geht es darum, herauszufinden, welche Bachblüten für den jeweiligen seelischen und geistigen Zustand, den wir ändern wollen, die richtigen sind. Das ist gar nicht so schwer: Das Pendeldiagramm „Bachblüten" wird Ihnen dabei helfen. Was Sie unbedingt beachten sollten: Dieses Pendeldiagramm ist als Hilfsmittel zur Selbsttherapie bei leichteren Problemen gedacht. Sollten Sie irgendwelche Zweifel an Ihrem Pendelergebnis haben, fragen Sie am besten einen Heilpraktiker um Rat. Sie können sich jedoch sicher sein, dass mit der Einnahme von Bachblüten-Essenzen keinerlei Gefahren verbunden sind, auch dann nicht, wenn die Dosierung irrtümlich zu hoch ist oder die Wahl der Essenz nicht die richtige gewesen sein sollte. Erhältlich sind Bachblüten-Essenzen übrigens in jeder Apotheke; dort können sie sich auch nach der richtigen Anwendungsweise erkundigen. Nehmen Sie also jetzt Ihren Pendel zur Hand und pendeln Sie die für Sie richtige Bachblüte (bzw. Blütenmischung) aus, wobei Sie die Frage stellen: Welche Bachblüten wirken sich auf meine momentane Verfassung besonders positiv aus?

Pendeldiagramm Bachblüten

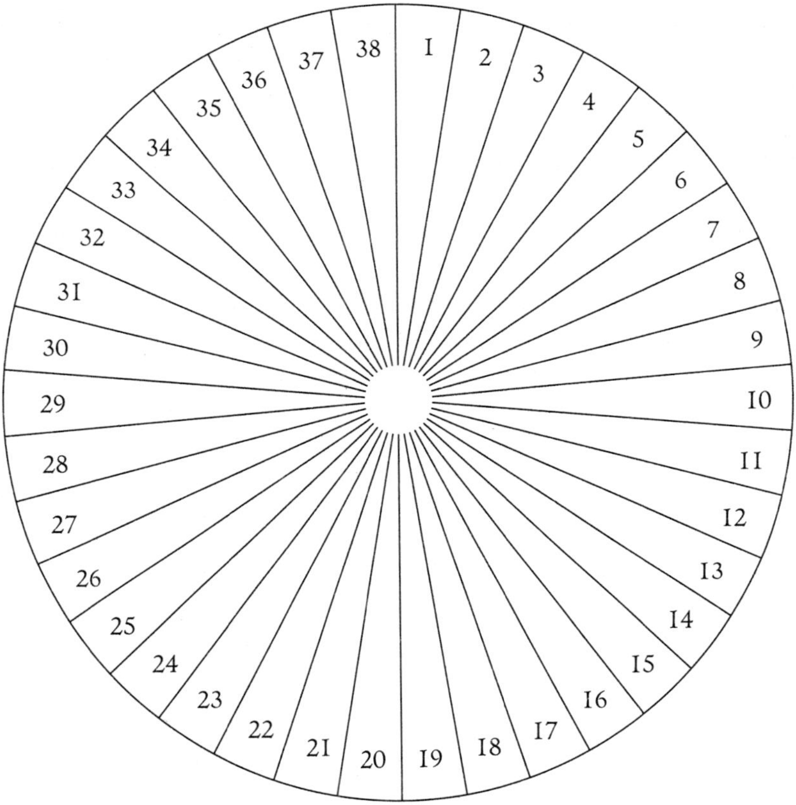

1 White Chestnut
2 Mustard
3 Chestnut Bud
4 Water Violet
5 Impatiens
6 Heather
7 Agrimony
8 Centaury
9 Walnut
10 Holly
11 Larch
12 Pine
13 Elm
14 Sweet Chestnut
15 Rock Rose
16 Mimulus
17 Cherry Plum
18 Aspen
19 Red Chestnut
20 Cerato
21 Scleranthus
22 Gentian
23 Gorse
24 Hornbeam
25 Wild Oat
26 Clematis
27 Honeysuckle
28 Wild Rose
29 Olive
30 Star of Bethlehem
31 Willow
32 Oak
33 Crab Apple
34 Chicory
35 Vervain
36 Vine
37 Beech
38 Rock Water

Vielleicht sind Sie sich aber noch nicht so recht im Klaren darüber, welcher Bereich Ihrer Gefühle die heilsamen Wirkungen der Bachblüten-Schwingungen momentan am meisten benötigt. Pendeln Sie in diesem Fall die richtige Antwort unter Zuhilfenahme des Pendeldiagramms „Gefühlsbereiche" aus!

Pendeldiagramm Gefühlsbereiche

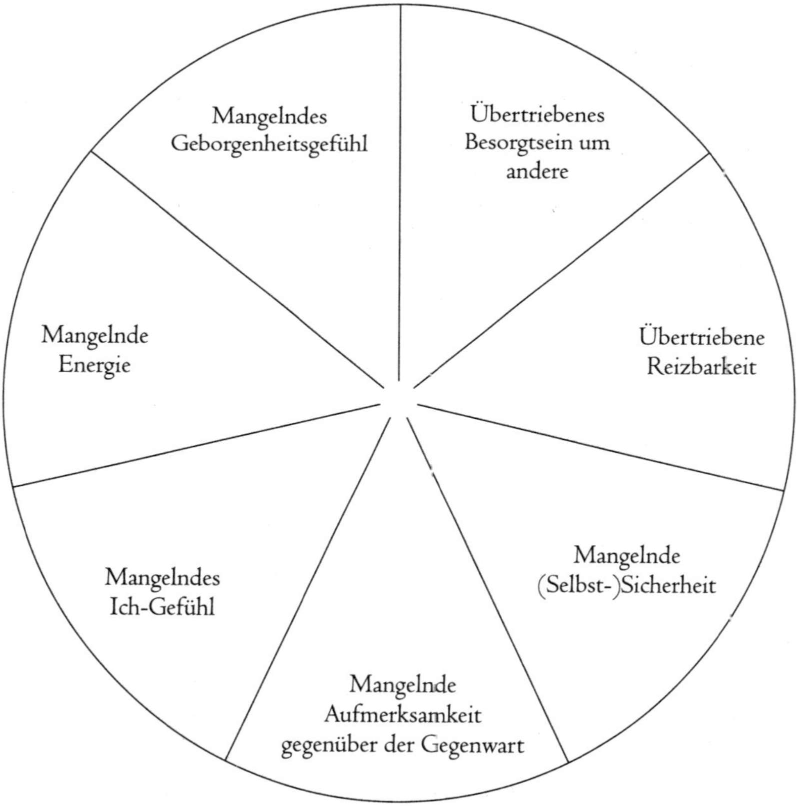

Heilsteine und Pendeln

Seit ungefähr zwanzig Jahren wird die so genannte „Lithotherapie“, die sich die Heilwirkung von Steinen und (Halb-)Edelsteinen zunutze macht, erfolgreich angewandt. Nicht zuletzt wegen ihrer hohen Erfolgsrate findet sie auch hierzulande immer mehr Befürworter. Jeder Stein verfügt über bestimmte Schwingungsmuster, die – legt man ihn auf einen schmerzenden Körperteil oder eine Wunde – heilsam wirken. Steine helfen uns nicht nur bei körperlichen Problemen, sie lassen sich auch bei seelischen oder spirituellen Schwierigkeiten mit Erfolg einsetzen, da sie unser inneres Gleichgewicht stabilisieren helfen. In zweierlei Hinsicht wirken sich die Strahlungen der Steine positiv auf uns aus: Zum einen nehmen sie negative Schwingungen, die von uns ausgehen, in sich auf und befreien uns so davon, zum anderen geben sie ihre Schwingungen an uns ab und unterstützen so unser Wohlbefinden. Die Praxis, Steine zu Heilzwecken einzusetzen, hat eine lange Tradition.
Ich möchte Ihnen nun eine Auswahl von Steinen vorstellen und die Störungsbereiche, bei denen man sie einsetzen sollte.

Seelische/spirituelle Störungen	Steinart
Depressionen	Lapislazuli, Granat, Goldtopas, Selenit, Chalcedon, Selenit, Jade
Ängste	Rubin, Kunzit, Opal, Goldtopas, Zitrin
Misstrauen/Eifersucht	Königstopas, schwarzer Turmalin, Rubin, blauer Saphir
Mangelndes/übermäßiges sexuelles Verlangen	Rubin, Granat, blauer Spinell, Mondstein, rote Koralle, orangefarbener Saphir
Alkoholprobleme	Amethyst
negative Einstellungen, Schwarzseherei, Selbstdestruktivität	Zitrin, Turmalin, weiße Koralle, Saphir, Lapislazuli

Körperliche/seelische Störungen	Steinart
Hautunreinheiten, Hormon- und Haarwuchsstörungen	Amethyst, Saphir, Bernstein, Chrysokoll, Mondstein, Onyx, Lapislazuli, Achat, Aventurin
Erkrankungen der Geschlechtsorgane	Verdit, Karneol, Königstopas, Granat, Achat

Es versteht sich von selbst, dass diese Auflistung nur einen kleinen Einblick in die Vielzahl der Heilungsmöglichkeiten mit Hilfe von Steinen geben kann. Um herauszufinden, welcher Stein eine besonders heilsame Wirkung auf Sie ausübt, lassen Sie Ihren Pendel über das folgende Pendeldiagramm „(Halb-)Edelsteine" schwingen:

Pendeldiagramm (Halb-)Edelsteine

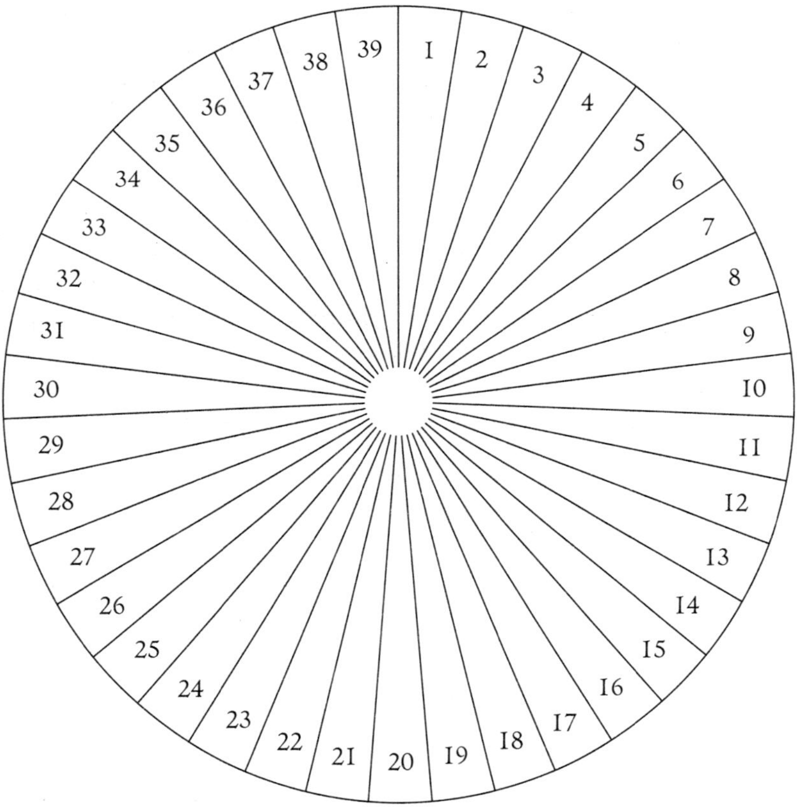

1 Achat
2 Amethyst
3 Aquamarin
4 Aventurin
5 Azurit
6 Bergkristall
7 Bernstein
8 Chalcedon
9 Chrysokoll
10 Diamant
11 Hämatit
12 Jade
13 Jaspis
14 Karneol
15 Koralle
16 Kristall
17 Kunzit
18 Lapislazuli
19 Malachit
20 Mondstein
21 Moosachat
22 Obsidian
23 Opal
24 Peridot
25 Perle
26 Rauchquarz
27 Rosenquarz
28 Rodochrosit
29 Rubin
30 Saphir
31 Selenit
32 Smaragd
33 Sugilith
34 Tigerauge
35 Topas
36 Türkis
37 Turmalin
38 Zitrin
39 Anderer Heilstein

Vermeiden Sie es unbedingt, Heilsteine, auch wenn sie klein sind, ständig bei sich zu tragen. Denn ihre Schwingungen können störend auf Sie wirken oder bereits bestehende „Missklänge“ Ihrer Seele verstärken! Zugleich sollten Sie beachten, dass Heilsteine von Zeit zu Zeit mit kaltem Wasser oder Sonnenlicht energetisch gereinigt werden müssen, damit sie die von Ihnen aufgenommenen negativen Energien wieder abgeben können – sonst besteht die Gefahr, dass diese Schwingungen wieder an Ihren Körper zurückgegeben werden.

Sternzeichen sind gute Ratgeber

Nicht nur bei gesundheitlichen Problemen ist die Anwendung von Heilsteinen ratsam, sondern auch, wenn Sie Ihr allgemeines Wohlbefinden steigern möchten. Dabei sollten Sie, je nachdem, in welchem Tierkreiszeichen Sie geboren sind, ganz bestimmten Edelsteinen den Vorzug geben. Die folgende Übersicht zeigt Ihnen, welche Steine für Sie die richtigen sind:

Tierkreiszeichen	Steinart
Widder	Diamant, Granat, Feueropal, Hämatit, Rubin, Karneol
Stier	Achat, Aventurin, Smaragd, Saphir, Rosenquarz
Zwillinge	Zitrin, Bergkristall, Aquamarin
Krebs	Jaspis, Jade, Mondstein, Chalcedon, Smaragd
Löwe	Tigerauge, Goldtopas, Bergkristall, Diamant
Jungfrau	Sodalith, Karneol, Jaspis, Amethyst
Waage	Perle, Kunzit, Jade, Sternsaphir, Chrysokoll
Skorpion	Malachit, Obsidian, Rubin, Granat, Blutjaspis, Achat

Tierkreiszeichen	Steinart
Schütze	Lapislazuli, Opal, Sodalith, Obsidian
Steinbock	Rauchquarz, Diamant, Mondstein, Jaspis
Wassermann	Türkis, hellblauer Fluorit, Opal, blauer Topas
Fische	Koralle, Perle, Türkis, Kunzit

Abschließend noch ein Tipp: Besorgen Sie sich viele kleine Steinchen und geben Sie sie in ein Säckchen aus feinem Gewebe oder aus Folie, das Sie anschließend beschriften. Auf diese Weise können Sie Verwechslungen vorbeugen und die geringe Größe der Heilsteine erlaubt Ihnen eine angemessene Dosierung. Die Frage, wie lange und wie häufig Sie die Heilsteine verwenden sollen, beantwortet Ihnen Ihr Pendel.

Heilende Metalle, Magneten und Pendeln

Über die Heilkraft von Metallen und Magneten liegen bislang nur sehr wenige Forschungsergebnisse vor. Deshalb ist es auch nicht verwunderlich, dass sich Experten uneins sind, was es damit tatsächlich auf sich hat. Sollten Sie sich für diese Therapieform interessieren, dann lassen Sie sich von den Kontroversen der Fachleute nicht verwirren, sondern finden Sie selbst heraus, ob Sie für die heilenden Schwingungen von Magneten und Metallen aufgeschlossen sind. Das Faszinierende am Pendeln ist ja nicht zuletzt die Möglichkeit, Neuland zu betreten, Erfahrungen zu machen, die man bis dahin nicht für möglich gehalten hat.
Wer einmal eine Esoterikmesse besucht hat, weiß, welche Unzahl von handlichen Magneten dort angeboten werden; es gibt sie zum Umhängen, Auflegen oder ganz einfach In-die-Tasche-Stecken. Beim Umgang mit Magnet-Schwingungen ist auf jeden Fall Vorsicht geboten; pendeln Sie un-

bedingt aus, wie Sie Ihren Magneten *richtig* gebrauchen, um zu vermeiden, dass Elektrosmog entsteht, dessen Folgen äußerst unangenehm und gesundheitsschädlich sein können.

Was die Heilkraft von Metallen betrifft, so kann Ihnen der Pendel gute Dienste leisten, welches Schwingungsmuster in Ihrem gegenwärtigen Lebensstadium besonders positive Auswirkungen auf Sie hat. Um darüber Auskunft zu erhalten, erstellen Sie am besten ein eigenes Pendeldiagramm, auf dem Sie die wichtigsten (Edel-)Metalle (Platin, Gold, Silber, Eisen, Kupfer etc.) verzeichnen. Lassen Sie Ihren Pendel darüber schwingen und warten Sie ab, wofür er sich entscheiden wird.

Auf diese Weise können Sie natürlich auch herausfinden, welcher Schmuck für Sie am besten geeignet ist. Dafür erstellen Sie ein Pendeldiagramm, das nur die Edelmetalle enthält und pendeln wiederum das geeignete aus. Anschließend bestimmen Sie mit Hilfe des Diagramms „(Halb-)Edelsteine“, welcher Stein in das Schmuckstück gefasst werden soll.

Verzeichnis der Pendeldiagramme

Aromatherapie 94
Bachblüten 103
Berufsbezogene Veränderungen 83
Berufssparten 78
Charaktermerkmale 55
(Halb-)Edelsteine 107
Eigenes Pendeldiagramm 45
Erscheinungsbild des Idealpartners/der Idealpartnerin 76
Gefühlsbereiche 104
Halbkreisdiagramm 46
Harmonische Partnerschaft 74
Heilmethoden 61
Kaufmännische Berufe 97
Künstlerische Berufe 82
Lebensbereiche 57
Lebenssalze 99
Mineralstoffe und Spurenelemente 69
Schädliche Spurenelemente 70
Soziale Berufe 81
Technische Berufe 80
Typen der Männlichkeit 72
Typen der Weiblichkeit 73
Umgangsweisen mit Geld 85
Ursachenforschung 47
Vitamine 68

Literaturverzeichnis

Angerer, Josef u.a.: *Mensch, Wünschelrute, Krankheit – Umwelt-Strahlungen. Wie sie auf uns wirken.* St. Gallen/Zürich 1985

Bach, Edward: *Blumen, die unsere Seele heilen. Die wahre Ursache von Krankheit. Diagnose und Therapie.* München, o.J.

Bierach, Alfred: *Bioelektrizität. Die geheimnisvollen Kräfte in unserem Körper.* München 1984

Jakob, Georg: *Das medizinische Pendelbuch.* Bietigheim 1973

Kirchner, Georg: *Pendel und Wünschelrute. Handbuch der modernen Radiästhesie.* München 1985

Pedersen, Loren, E.: *Männer sind so.* München 1996

Raphaell, Katrina: *Wissende Kristalle für unsere spirituelle Entwicklung, zur Heilung und zur Harmonisierung des Alltags.* Interlaken 1986

Schaenzler, Nicole und Burkhardt, Dietlinde: *Das Immunsystem natürlich stärken mit Vitaminen und Mineralien.* München 1997

Sharamon, Shalila und Baginski, B. J.: *Edelsteine und Sternzeichen.* Aitrang 1992

Steinig, Heinz: *Elektrosmog, der unsichtbare Krankmacher.* Freiburg 1996

Uyldert, Mellie: *Verborgene Kräfte der Metalle.* München 1992

Wagner, Waltraud: *Reizende Erde: Elektromagnetische Felder in unserer Umwelt und ihre Wirkung auf den Menschen.* Stuttgart 1977

„*Wegweiser – Natürliche Umweltmedizin*". Freiburg 1993

Eine Auswahl aus dem Verlagsprogramm

RAT UND WISSEN

Bewerbung/Karriere

Bewerbungsstrategien
1027-3, von Dr. W. Reichel, 128 S., kart.
DM 14,90

Legale Bewerbungstricks
60325-2, von V. S. Rottmann, 96 S., kart.
DM 12,90

Lebenslauf und Bewerbung
60007-5, von H. Friedrich, 112 S., kart.
DM 9,90

Vorstellungsgespräche
60012-1, von H. Friedrich, 144 S., kart.
DM 11,90

Berufsstart für Hochschulabsolventen
1482-1, von Dr. W. Reichel, 144 S., kart.
DM 19,90

Testtrainer Einstellungstests
4999-4, von Dr. W. Reichel, 136 S., geb.
DM 15,–
(limitierter Sonderpreis)

Arbeitszeugnisse
1444-9, von A. Nasemann, 136 S., kart.
DM 16,90

Rechtsratgeber für Arbeitnehmer
60258-2, von U. Teschke-Bährle, 160 S., kart.
DM 16,90

Selbständigkeit und freie Mitarbeit
1891-6, von T. Hammer, Dr. W. Kiefl, 144 S., kart.
DM 19,90

Erfolgreiche Existenzgründung
60285-X, von N. Rentrop, 192 S., kart.
DM 19,90

__FALKEN Reihe: FALKEN & PITMAN MANAGEMENT__
Ausstattung: zwischen 184 S. und 248 S., Broschur
Preis: **DM 39,90**
4972-2 Die ersten 100 Tage als Chef
4973-0 Erfolgreiches Zeitmanagement
4976-5 Richtig delegieren
4971-4 Erfolgreiche Verhandlungstaktiken

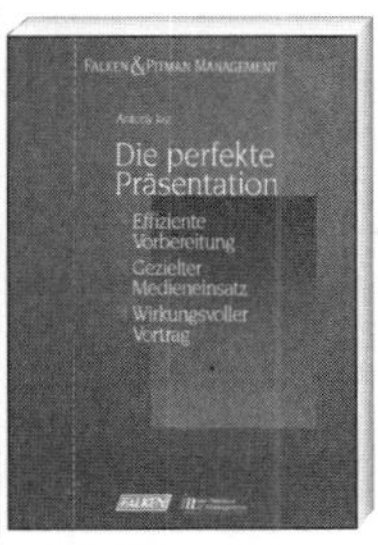

4975-7 Die perfekte Präsentation
4974-9 Meetings erfolgreich steuern
7331-3 Marketing – eine Einführung
7329-1 Erfolgreich im Management
7330-5 Basiswissen für Führungskräfte
7328-3 Mitarbeitermotivation durch Empowerment

Schule/Beruf/ Lernhilfen

__FALKEN Reihe: Schülerhilfe__
Ausstattung: zwischen 64 S. und 172 S., kartoniert
Preis: zwischen **DM 14,90** und **DM 24,90**

1834-7 Die neue deutsche Rechtschreibung
1625-5 Deutsche Grammatik I
1710-3 Deutsche Grammatik 2
1571-2 Diktate und Ergänzungsübungen
1626-3 Aufsatz
1623-9 Bruchrechnen
1569-0 Geometrie
1709-X Prozent- und Zinsrechnung
1570-4 Gleichungen und Ungleichungen
1888-6 Wurzeln und Potenzen
1624-7 English Pronouns
1574-7 English Tenses
1784-7 If-Clauses & Co.

Handbuch Mathematik
4964-1, von W. Scholl, R. Drews, 848 S., geb.
DM 69,90

Gedächtnistraining mit Eselsbrücken
60060-1, von W. Ettig, 96 S., kart.
DM 12,90

Erfolgreich im Beruf mit NLP
60288-4, von K. Grochowiak, S. Haag, 104 S., kart.
DM 12,90

Buchführung leicht gefaßt
60091-1, von H. R. Pohl, 104 S., kart.
DM 12,90

Schreiben lernen mit Schreibmaschine und PC
60055-5, von O. Fonfara, 112 S., kart.
DM 9,90

Kostenrechnung leicht gemacht
4826-2, von D. Machenheimer, 240 S., geb.
DM 39,90

Recht/Wirtschaft/ Steuern

Was kostet mein Recht?
60234-5, von J. Mosler, 104 S., kart.
DM 12,90

Recht für Mieter
1932-7, von M. Gaida, 304 S., kart.
DM 29,90

Der FALKEN Bauherren-Ratgeber
4888-2, von W. Jung, B. W. Klöckner, 352 S., kart.
DM 39,90

Ihr Recht als Vermieter
60243-4, von R. Richter, P. J. Schneider, A. Pollert, 208 S., kart.
DM 16,90

BAföG
60017-2, von A. Mengeringhausen, 296 S., kart.
DM 19,90

Eheverträge
60037-7, von T. Münster, 226 S., kart.
DM 19,90

Erziehungsgeld, Mutterschutz, Erziehungsurlaub
60014-8, von J. Grönert, 192 S., kart.
DM 19,90

Scheidung und Unterhalt
60015-6, von T. Drewes, 220 S., kart.
DM 19,90

Wie hoch wird meine Rente?
60209-9, von K. Möcks, A. Schmitt, 160 S., kart.
DM 16,90

Erbschaftsteuer aktuell
60324-4, von W. Ludwig, 128 S., kart.
DM 14,90

Testament und Erbschaft
4139-X, von T. Drewes, R. Hollender, 296 S., geb.
DM 36,–

Keine Angst vor dem Finanzamt
60064-4, von H. Vogt, 132 S., kart.
DM 16,90

Korrespondenz und Rhetorik

Geschäftliche Briefe
60001-6, von G. Briese-Neumann, 120 S., kart.
DM 12,90

Briefe und Reden für den Trauerfall
1789-8, von U. Wetter, 112 S., kart.
DM 16,90

Modernes Redetraining
1575-5, von Prof. Dr. R. Brehler, 120 S., kart.
DM 16,90

Körpersprache
60096-2, von H. Rückle, 96 S., kart.
DM 12,90

Reden für Familienfeiern
60281-7, von G. Kurz, 112 S., kart.
DM 12,90

Lebensstil und Umgangsformen

Farbberatung für die Wohnung
4743-6, von G. Watermann, 128 S., geb.
DM 49,90

Kreative Wohnideen
4889-0, von T. Eichhorn, 128 S., geb.
DM 39,90

388 Frisuren
4969-2, von M. Rüdiger, R. v. Samson, 128 S., geb.
DM 29,90

Krawatten
7319-4, von F. Chaille, 180 S., geb., mit Schutzumschlag
DM 89,90

Tücher und Schals
1898-3, von E. Weber-Lorkowski, 48 S., kart.
DM 14,90

Moderne Umgangsformen
4814-9, von I. Wolff, 256 S., geb.
DM 39,90

Der gute Ton im Privatleben
60097-0, von R. Bartels, 104 S., kart.
DM 12,90

Feste feiern

Wir heiraten
4863-7, von S. Lippe, 160 S., geb.
DM 39,90

Hochzeitsfeste mitgestalten
1790-1, von A. Wilke, B. Haß 104 S., kart.
DM 19,90

Tischdekorationen für die Hochzeit
1825-8, von H. Grob, A. Henseler u.a., 64 S., kart.
DM 19,90

Blumenschmuck für das Brautpaar
4881-5, von H. Grob, A. Henseler u.a., 80 S., geb.
DM 29,90

Neue Hochzeitsreden
60158-6, von S. Harland 112 S., kart.
DM 12,90

Feste feiern
4825-4, von C. Kast, 128 S., geb.
DM 39,90

Die neue Glückwunschfibel
60031-8, von R. Christian-Hildebrandt, 106 S., kart.
DM 9,90

Astrologie/Esoterik

Kinderhoroskop
60242-6, von W. Noé, 152 S., kart.
DM 14,90

Liebes-Horoskop
60297-3, von W. Noé, 128 S., kart.
DM 12,90

Chinesisches Horoskop
60006-7, von G. Haddenbach, 86 S., kart.
DM 9,90

Das Indianische Horoskop
60294-9, von W. Noé, 128 S., kart.
DM 14,90

Tarot für alle Decks
60235-3, von B. A. Mertz, 144 S., kart.
DM 14,90

I Ging
60253-1, von R. Sorrell, A. M. Sorrell, 224 S., kart.
DM 19,90

Reiki
60247-7, von B. Glaser. U. Vogt, 128 S., kart.
DM 14,90

Traumdeutung
60045-8, von G. Haddenbach, 172 S., kart.
DM 12,90

Geheimlehren
60236-1, von N. Drury, G. Tillet, 144 S., kart.
DM 16,90

UFOs über Deutschland
60319-8, von M. Hesemann 208 S., kart.
DM 19,90

Auto/Führerschein

er neue Verwarn- und ußgeldkatalog
0292-2, von F. Littek,
26 S., kart.
M 12,90

Der Test-Knacker bei Führerscheinverlust
1262-4, von T. Rieh,
120 S., kart.
DM 19,90

Prüfungsfragen und Prüfungsbogen für den Führerschein Kl. 3
1490-2, 104 S., kart.
DM 19,90

Trennkost

Trennkost für 1 Person
4851-3, von U. Summ,
112 S., geb.
DM 29,90

Trennkost leichtgemacht für Berufstätige
4890-4, von U. Summ,
128 S., geb.
DM 29,90

Das große Buch der Trennkost
4498-4, von U. Summ,
128 S., geb.
DM 29,90

Das Beste aus Ursula Summs Trennkost-Küche
4985-4, von U. Summ,
160 S., geb.
DM 29,90

Trennkost aus ärztlicher Sicht
60259-0, von Dr. med.
T.-M. Heintze, 84 S., kart.
DM 12,90

Trennkost-Tabelle
1871-1, von U. Summ,
80 S., Flexcover
DM 14,90

Länderküche

Italienische Küche
4830-0, von M. Kaltenbach,
R. Simeone, 224 S., geb.,
mit Schutzumschlag
DM 49,90

Chinesische Küche
7304-6, von H. Fu-Lung,
224 S., geb., mit Schutzumschlag
DM 49,90

ErlebnisKüche: Amerikanische Küche
7308-9, von C. Stevenson Jr.,
P. Niebergall, 128 S., geb.,
mit Schutzumschlag
DM 39,90

ErlebnisKüche: Thailand
4945-5, von B. Aepli,
128 S., geb., mit Schutzumschlag
DM 34,90

ErlebnisKüche: Englische Landhausküche
4981-1, von D. Watkins,
J. J. Watkins, 128 S., geb.,
mit Schutzumschlag
DM 39,90

Kochen

Unsere Kochschule
4959-5, von M. Kaltenbach,
F. W. Ehlert, 306 S., geb.
DM 25,– (limitierter Sonderpreis)

FALKEN Reihe: ErlebnisKüche
Ausstattung: 128 S., geb.,
mit Schutzumschlag
Preis: **DM 34,90**
4944-7 Nudeln
4946-3 Raclette und heißer Stein
7315-1 Fondues
4984-6 Aufläufe und Gratins
4982-X Salate

Johann Lafer kocht – Neue Rezepte
7306-2, von J. Lafer,
160 S., geb.
DM 39,90

Johann Lafer kocht mit Kräutern und Gewürzen
7302-X, von J. Lafer,
128 S., geb.
DM 29,90

Preiswert kochen
60025-3, von E. Fuhrmann,
136 S., kart.
DM 12,90

Rezepte mit Joghurt, Kefir & Co.
60068-7, von G. Volz,
104 S., kart.
DM 12,90

Iß und trink und liebe
7303-8, von K. Ottenbach,
72 S., geb., mit Schutzumschlag
DM 49,90

Vegetarische Gerichte aus aller Welt
4977-3, von A. Ilies, 224 S.,
geb., mit Schutzumschlag
DM 49,90

Vollwertküche für Genießer
4815-7, von Prof. Dr. C.
Leitzmann, H. Million,
256 S., geb.
DM 39,90

Das Bioland-Kochbuch
4979-X, von S. v. Küster,
128 S., geb.
DM 29,90

Getränke

FALKEN Mixbuch
4733-9, Hrsg.: P. Bohrmann,
560 S., geb.
DM 39,90

Weinlexikon
4942-0, von Dr. H. Ambrosi,
384 S., geb.
DM 39,90

Mein Hobby Wein
7309-7, von R. Kriesi,
128 S., geb.
DM 34,90

Heimwerken/Technik

FALKEN Reihe: Do it yourself
Ausstattung: zwischen 80 S., und 104 S., kart.
Preis: **DM 19,90**
1665-4 Reparaturen in Haus und Garten
1159-8 Betonieren, Mauern, Fliesen
1857-6 Bäder ausbauen und modernisieren
1118-0 Sanitärinstallationen
1799-5 Fliesen liegen
1855-X Tapezieren und Streichen
1841-X Dachausbau
1308-6 Alarmanlagen
1859-2 Elektroarbeiten
1716-2 Sicherheit an der Haustür
1717-0 Umweltbelastungen

14983-8 **Heimwerken**
von T. Pochert, 416 S., geb.
DM 49,90

4997-8 **Kreatives Heimwerken**
v. H.-W. Bastian, 256 S., geb.
DM 49,90

Foto/Video

Moderne Fotopraxis
7310-0, von G. Koshofer, Prof. H. Wedewardt, 240 S., geb.
DM 49,90

Videofilmen wie ein Profi
4506-9, von T. Pehle, 232 S., geb.
DM 45,–

Zeichnen und Malen

Kreativ zeichnen
4688-X, von B. Bagnall, 176 S., geb.
DM 39,90

Aquarellmalerei
4529-8, von Prof. W. Wrisch, 136 S., geb.
DM 39,90

Kalligraphie
1044-3, von I. Schade, 80 S., kart.
DM 19,90

Airbrush
1133-4, von C. M. Mette, 80 S., kart.
DM 19,90

Seidenmalerei

Lexikon der Seidenmalerei
4737-1, von K. Huber, 208 S., geb.
DM 49,90

Einführung in die Seidenmalerei
0611-X, von R. Henge, 88 S., kart.
DM 19,90

Malen auf Seide
4941-2, von C. Köhl, Shahida
112 S., geb.
DM 29,90

Aquarellieren auf Seide
4842-4, von Shahida, 112 S., geb.
DM 39,90

Verschiedene Techniken

Alles aus Wellpappe
1430-9, von I. Kasperek, 64 S., kart.
DM 19,90

Geschenke individuell verpacken
1113-X, von P. Jansen, 80 S., kart.
DM 19,90

Landhausstil
7332-1, 128 S., geb.
DM 34,90

Artischockentechnik
1682-4, von M. von Perbandt, K. Teuber, 64 S., kart.
DM 19,90

Patchwork und Quilt
4803-3, von I. Kahmann u.a., 112 S., geb.
DM 29,90

Nähen
4709-6, von S. von Rudzinski, 176 S., geb.
DM 39,90

Perfekt Stricken
4821-1, von H. Jaacks, 224 S., geb.
DM 39,90

Töpfern ohne Scheibe
0896-1, von A. Riedinger, 80 S., kart.
DM 19,90

Dekorieren und Gestalten mit Naturmaterialien
4748-7, von E. Dommershausen u.a., 128 S., geb.
DM 29,90

Stempeln
1823-, von E. Metz, P. Läpple, 80 S., kart.
DM 19,90

Freundschaftsbänder
1720-0, von A. Neeb, E. Walch u.a., 64 S., kart.
DM 19,90

Bücher, Alben, Schachteln selbermachen
4772-X, von P. Baumgartne
96 S., geb.
DM 29,90

Geldgeschenke und Geschenkgutscheine
1684-0, von S. Haenitsch-Weiß, 64 S., kart.
DM 19,90

Einladungs-, Tisch- und Menükarten
1302-7, von S. Haenitsch-Weiß, 80 S., kart.
DM 19,90

Spiele/Denksport

Bridge für Einsteiger
1691-3, von B. Ludewig, 104 S., kart
DM 16,90

Doppelkopf
1828-2, von U. Vohland, 96 S., kart.
DM 16,90

Kartenspiele
7333-X, von M. Mala, 176 S., geb.
DM 29,90

Kartenspiele für eine Person
1689-1, von M. Fuchs, R. Luwisch, 80 S., kart.
DM 16,90

Poker
60225-6, von C. D. Grupp, 112 S., kart.
DM 12,90

Backgammon für Einsteiger
1690-5, von M. B. Fischer, E. Heyken, 104 S., kart.
DM 16,90

ISBN-Bestandteil: 3-8068- / bei Buchnummern, die mit der Ziffer 6 beginnen, lautet der ISBN-Bestandteil: 3-635-

ıromatherapie
ı **131**-8, von K. Schutt,
ı6 S., kart.
ÐM 14,90

ˀositives Denken und
Entspannungstechniken
ʒ0305-8, von Dr. med.
C. Schenk, 112 S., kart.
DM 12,90

Sport

FALKEN Reihe: Ratgeber für Reiter
Ausstattung: zwischen 128 S. und 176 S., geb.
Preis: zwischen **DM 29,90** und **DM 39,90**
4797-5 Ich will reiten lernen
4845-9 Junge Pferde selbst ausbilden
4792-4 Reiten im Gelände

4871-8 Reiten für Einsteiger
4716-9 Reiten auf Gangpferden
4949-8 Wie verstehe ich mein Pferd?

FALKEN Reihe: Golf Praxis
Golf für Einsteiger
Buch: 4798-3, von O. Heuler, 160 S., geb.
DM 36,–
Video: 6209-5, VHS, ca. 45 Min.
DM 49,95*

Der Schwung
Buch: 4784-3, von O. Heuler, 128 S., geb.
DM 29,90
Video: 6180-3, VHS, ca. 45 Min.
DM 49,95*

Das kurze Spiel
Buch: 4799-1, von O. Heuler, 128 S., geb.
DM 29,90
Video: 6181-1, VHS, ca. 45 Min.
DM 49,95*

Fehler & Korrekturen
Buch: 4872-6, von O. Heuler, 144 S., geb.
DM 39,90
Video: 6182-X, VHS, ca. 45 Min.
DM 49,95*

Golf. Die frühen Jahre
7339-9, von D. Concannon, 144 S., geb., mit Schutzumschlag
DM 69,90

FALKEN Reihe: Sportregeln
Ausstattung: zwischen 96 S. und 128 S., kart.
Preis: zwischen **DM 16,90** und **DM 24,90**
1676-X Basketball
1674-3 Pool-Billard
1675-1 Fußball
1754-5 Eishockey
1755-3 Tennis
1807-X Badminton

Tauchen
4955-2, von S. Müßig, 128 S., geb.
DM 39,90

Tennistraining mit System
4878-5, von A. Ferrauti, P. Maier, K. Weber, 192 S., geb.
DM 49,90

Billard
1313-2, von Dr. H. Stingl, 112 S., kart.
DM 29,90

Aggressive In-Line-Skating
1836-3, Hrsg.: U. Sauter, 112 S., kart.
DM 24,90

Freeclimbing
1251-9, von T. Strobl, 160 S., kart.
DM 29,80

Snowboarding
1860-6, von A. Hebbel-Seeger, ca. 112 S., kart.
ca. DM 24,90

Angeln
60080-6, von E. Bondick, 80 S., kart.
DM 12,90

Tanzen
4948-X, von P. Wolff, 192 S., geb.
DM 49,90

Fitness/Gymnastik

Fitness-Boxen
1671-9, von F. Kürzel, P. Wastl, 96 S., kart.
DM 24,90

Fit mit Ayurveda
60260-4, von J. Douillard, 208 S., kart.
DM 19,90

Stretching
60085-7, von E. Kleila, 64 S., kart.
DM 9,90

Bodybuilding für Frauen
1510-0, von E. Wanghofer, 88 S., kart.
DM 12,90

Muskeltraining zu Hause
60100-4, von A. Balk, 128 S., kart.
DM 14,90

Kampfsport

Aikido
0537-7, von R. Brand, 280 S., kart.
DM 24,90

Judo
0305-6, von M. Ohgo, 206 S., kart.
DM 19,90

Karate Grundlagen
1863-0, von E. Karamitsos, B. Pejcic, 144 S., kart.
DM 29,90

Shaolin-Kempo Kung-Fu
1864-9, von R. Czerni, K. Konrad, 246 S., kart.
DM 29,90

25 Shotokan-Katas
0859-7, von A. Pflüger, 88 S., kart.
DM 19,90

Bruce Lee – Sein Leben und Kampf
0392-7, v. L. Lee, 136 S., kart.
DM 24,90

Bruce Lees Kampfstil 1
0473-7, von B. Lee, M. Uyehara, 112 S., kart.
DM 14,90

Bruce Lees Kampfstil 2
0486-9, von B. Lee, M. Uyehara, 128 S., kart.
DM 12,90

Dynamische Tritte
1683-2, von G. Chung, C. Rothrock, 128 S., kart.
DM 19,90

Taekwondo
0347-1, von K. Gil, 152 S., kart.
DM 19,90

Ninja
1161-X, von A. Adams, 192 S., kart.
DM 19,90

Stand der Preise 01.09.1997 · Änderungen vorbehalten / *unverbindliche Preisempfehlung

Wein richtig genießen lernen
4809-2, von H. Ambrosi, I. Swoboda, 128 S., geb.
DM 24,90

Was Weinfreunde wissen wollen
7342-9, von Prof. Dr. K. Röder u.a., 192 S., geb.
DM 29,90

Diät/Diabetiker

FALKEN Reihe: Diät und Genuss
Ausstattung: 112 S., kartoniert
Preis: **DM 24,90**
1794-4 Herz- und Kreislauferkrankungen
1793-6 Diabetes mellitus Typ II
1850-9 Gicht
DM 19,90

Gerichte für Diabetiker
60033-4, von M. Oehlrich, 108 S., kart.
DM 12,90

Kochen und Backen bei Nahrungsmittelallergien
4745-2, von Dr. med. C. Thiel, A. Ilies, 128 S., geb.
DM 39,90

Cholesterinarm kochen und genießen
4442-9, von R. Unsorg, 168 S., geb.
DM 49,90

Fettarm kochen – Abnehmen mit Genuß
4866-1, von G. Hölz, H. Million, 128 S., geb.
DM 39,90

Besser leben durch Fasten
60065-2, von G. Leibold, 92 S., kart.
DM 12,90

Mutter und Kind

4761-4 **Mein Kind ist krank, so hilft die Natur**
von Dr. med. H. Wachtl, 160 S., geb.
DM 39,90

7316-X **Wenn Kinder krank werden**
von B. Nees-Delaval, 240 S., geb.
DM 39,90

Wir werden Eltern
4853-X, von B. Nees-Delaval, 376 S., geb.
DM 39,90

Das erste Jahr mit dem Baby
4884-X, von Dr. med. M. Weber, 144 S., geb.
DM 39,90

Die schönsten Vornamen
4755-X, von Dr. D. Voorgang, 200 S., geb.
DM 19,90

Die Kunst des Stillens
60084-9, von Prof. Dr. med. E. Schmidt, S. Brunn, 110 S., kart.
DM 12,90

Bachblüten für mein Kind
1773-1, von B. und K. Jacoby, 88 S., kart.
DM 19,90

Mensch und Gesundheit

Heilpflanzen
4954-4, von A. Eckert, Dr. G. Eckert, 176 S., geb.
DM 39,90

Blütentherapie nach Dr. Bach
60019-9, von I. Wenzel, 96 S., kart.
DM 9,90

Entschlackungs- und Entgiftungskuren
60306-6, von Dr. med. U. Böhmig, 118 S., kart.
DM 14,90

Traditionelle Chinesische Medizin
60312-0, von Dr. med. C. Kunkel, 118 S., kart.
DM 14,90

Teebaumöl
1878-9, von S. Poth, Prof. Dr. J. Reichling, 96 S., kart.
DM 19,90

Chinesische Fünf-Elemente-Ernährung
68005-2, von Dr. med. C. Kunkel, 144 S., kart.
DM 29,90

Osteoporose-Gymnastik
1736-7, von M. Schmidt, 96 S., kart.
DM 24,90

Allergien
60057-1, von G. Leibold, 100 S., kart.
DM 12,90

Neurodermitis
1649-2, von Prof. Dr. med. phil. S. Borelli, Prof. Dr. med. J. Rakoski, 136 S., kart.
DM 24,90

Rheuma
60040-7, von Prof. Dr. med. K. Gräfenstein, 108 S., kart.
DM 14,90

Schuppenflechte
1467-8, von Prof. Dr. med. phil. S. Borelli, Prof. Dr. med. R. Engst, 102 S., kart.
DM 19,90

Gymnastik für die Halswirbelsäule
1610-7, von J. Engelmann, 96 S., kart.
DM 19,90

Augentraining
1616-6, von M. Gollub, Hrsg.: K. Haak, 96 S., kart.
DM 24,90

Heilen und Vorbeugen mit Wein
60311-2, von Dr. med. F.-A. Graf von Ingelheim, I. Swoboda, 96 S., kart.
DM 14,90

Massage
60038-5, von K. Schutt, 78 S., kart.
DM 12,90

Akupressur
1231-4, von F. T. Lie, 192 S., kart.
DM 29,90

Fußsohlenmassage
60036-9, von G. Leibold, 96 S., kart.
DM 11,90

Yoga
60093-8, von U. Thomsen, 104 S., kart.
DM 12,90

Qigong
1316-7, von L. U. Schoefer, 96 S., kart.
DM 19,90

Streß bewältigen durch Entspannung
60070-9, von Dr. med. Ch. Schenk, 122 S., kart.
DM 14,90

)as Skatspiel
;0151-9, von K. Lehnhoff,
12 S., kart.
)M 12,90

;chach für Einsteiger
1724-3, von E. Heyken,
20 S., kart.
)M 19,90

;pielideen für Partys
1725-1, von E. und
ł. Bücken, 88 S., kart.
)M 16,90

**111 Spielideen, das Ge-
dächtnis zu trainieren**
1829-0, von T. Werneck,
96 S., kart.
)M 16,90

**Knobeleien und Denk-
sportaufgaben**
60099-7, von K. Rechberger,
100 S., kart.
DM 12,90

Ratgeber für Kinder

FALKEN Reihe: Ratgeber für Kinder
Ausstattung: zwischen 48 S., und 64 S., geb.
Preis: **DM 19,90**
4897-1 Mein Mutmachbuch
4895-5 Mein Umzugsbuch
4898-X Mein Krankenhausbuch
4899-8 Mein Buch vom Körper
4991-9 Mein Kochbuch
4990-0 Mein Ballettbuch
4900-5 Mein Fußballbuch
4938-2 Mein Fahrradbuch
4940-4 Welches Tier passt denn zu mir?
4896-3 Mein erstes Pferdebuch

7337-2 Mein erstes Reitbuch
4894-7 Mein Katzenbuch
4939-0 Mein Hundebuch
4993-5 Mein Hamsterbuch

7338-0 Mein Meerschweinchenbuch
4992-7 Wenn meine Eltern sich trennen
7336-4 Mein Freundschaftsbuch

Kinderbeschäftigung

Lauter tolle Sachen, die Kinder gerne machen
4731-2, Hrsg.: U. Barff,
352 S., geb.
DM 39,90

Das neue Bastelbuch für Kinder
4893-9, von U. Barff,
I. Burkhardt, J. Maier,
208 S., geb.
DM 39,90

Basteln mit Pappe und Papier
4843-2, Hrsg.: U. Barff,
112 S., geb.
DM 29,90

Schminken und Verkleiden
4773-8, von W. Stelzenhammer, Hrsg.: U. Barff,
128 S., geb.
DM 29,90

Zauberbuch
7340-2, von U. Schenk,
M. Sondermeyer, 112 S., geb.
DM 29,90

Spielen mit einfachen Sachen
4994-3, von A.-G. Patz,
D. Patz, 112 S., geb.
DM 29,90

Spiele für Kleinkinder
60022-9, von D. Kellermann,
104 S., kart.
DM 12,90

Kinderleichte Kochrezepte für kleine Leute
4850-5, von K. Müller-Urban,
128 S., geb.
DM 19,90

Garten

FALKEN Gartenjahr
4730-4, von K. Greiner,
A. Weber, P. Michaeli-Achmühle, 320 S., geb.
DM 39,90

100 englische Gärten
4885-8, von P. Taylor,
216 S., geb., mit Schutzumschlag
DM 79,–

Bauerngärten
4786-X, von U. Krüger,
128 S., geb.
DM 39,90

Gartengestaltung mit Phantasie
7318-6, von K. Greiner,
Dr. A. Weber, 208 S., geb.,
mit Schutzumschlag
DM 79,90

Naturgärten
4967-6, von J. Korz,
240 S., geb.
DM 69,90

Blumen, Stauden, Ziergehölze
4753-3, von K. Greiner,
Dr. A. Weber, 384 S., geb.
DM 69,90

FALKEN Lexikon Gartenteich
4778-9, von I. Polaschek,
A. Fischer-Nagel, 216 S., geb.
DM 49,90

Grüner wohnen
4886-6, von U. Krüger,
144 S., geb.,
mit Schutzumschlag
DM 49,90

Tiere

Wellensittiche
1813-4 von H. Bielfeld
96 S., kart.
DM 16,90

Alles über Papageien
1221-7, von H. Bielfeld,
80 S., kart.
DM 14,90

Alles über Kanarienvögel
0901-1, von H. Schnoor,
64 S., kart.
DM 14,90

Katzenkrankheiten
1733-2, von Dr. med. vet.
R. Spangenberg, 112 S., kart.
DM 16,90

Richtige Katzenernährung
1869-X, von H. Wenzel,
96 S., kart.
DM 16,90

Zwerg- und Goldhamster
1734-0, von M. Mettler,
96 S., kart.
DM 16,90

Meerschweinchen
1812-6, von M. Mettler,
96 S., kart.
DM 16,90

Das Süßwasseraquarium
4752-5, von Dr. med. vet.
J. Etscheidt, 224 S., geb.
DM 49,90

Terrarium
7313-5, von W. Ullrich,
128 S., geb.
DM 29,90

FALKEN Reihe: Hundebibliothek
Ausstattung: zwischen 80 S. und 112 S., kartoniert
Preis: zwischen **DM 16,90** und **DM 19,90**
1604-2 Hundekrankheiten erkennen und behandeln

Stand der Preise 01.09.1997 · Änderungen vorbehalten / *unverbindliche Preisempfehlung

1757-X Dalmatiner
1756-1 Dackel
1677-8 Labrador, Retriever
1643-3 Golden Retriever
1644-1 Neufundländer und Landseer
1642-5 Yorkshire Terrier
1512-7 Streuner und Tierheimhunde
1596-8 Boxer
1514-3 West Highland White Terrier
1513-5 Schäferhunde
1808-8 Setter
1866-5 Siberian Husky
1809-6 Hovawart
1811-8 Foxterrier
1868-X Richtige Hundeernährung
1810-X Rechtsratgeber für Hundehalter

Die beliebtesten Hundenamen
1681-6, von H.-J. Schließke,
96 S., kart.
DM 9,90

Das neue Hundebuch
60079-2, von W. Busak,
124 S., kart.
DM 14,90

Erfolgreiche Hundeerziehung
4808-4, von U. Birr,
144 S., geb.
DM 29,90

Reisevideo

FALKEN Reihe: Reisevideos
Ausstattung: VHS, ca. 60 Min. Laufzeit, in Farbe
Preis: **DM 39,95***

FALKEN hat Reisevideos zu über 70 Urlaubszielen in aller Welt von **A** bis **Z**

6249-4 Amsterdam

6228-1 Florida

6206-0 Zypern

ISBN-Bestandteil: 3-8068- / bei Buchnummern, die mit der Ziffer 6 beginnen, lautet der ISBN-Bestandteil: 3-635

BESTELLSCHEIN

Hiermit bestelle ich aus dem Programm der Verlagsgruppe FALKEN, Postfach 11 20, D-65521 Niedernhausen, **durch die Buchhandlung:**

Falls durch besondere Umstände Preisänderungen notwendig werden, erfolgt Auftragserledigung zu dem bei der Lieferung gültigen Preis.
(Soweit gesetzlich nicht anders vorgesehen, ist der Erfüllungsort und Gerichtsstand der jeweilige Sitz der Lieferfirma).

Anzahl	Bestell-Nr.:	Titel	Einzelpreis	Gesamtpreis
			Summe	

zzgl. Porto- und Versandkosten

Name: ______ Straße: ______

Ort: ______

Datum: ______ Unterschrift: ______
(Bei Jugendlichen der gesetzliche Vertreter)

FTB-VV H '97

Werbemittel-Nr. 99142